中青年经济学家文库

ZHONGQINGNIAN JINGJIXUEJIA WENKU

U0514537

中国城乡居民收入决定及其不平等演化：

基于人力资本视角的城乡共同富裕论

周世军／著

Research on Income Determination and Inequality
Evolution of Urban-Rural Residents in China:

A Theory of Urban-Rural Common Prosperity from the Perspective of Human Capital

中国财经出版传媒集团

经济科学出版社
Economic Science Press

图书在版编目（CIP）数据

中国城乡居民收入决定及其不平等演化：基于人力
资本视角的城乡共同富裕论/周世军著 . -- 北京：经
济科学出版社，2022.4
（中青年经济学家文库）
ISBN 978 - 7 - 5218 - 3595 - 3

Ⅰ.①中…　Ⅱ.①周…　Ⅲ.①居民收入 - 收入差距 -
城乡差别 - 研究 - 中国　Ⅳ.①F126.2

中国版本图书馆 CIP 数据核字（2022）第 058195 号

责任编辑：杨　洋　卢玥丞
责任校对：王京宁
责任印制：王世伟

中国城乡居民收入决定及其不平等演化
——基于人力资本视角的城乡共同富裕论
周世军　著
经济科学出版社出版、发行　新华书店经销
社址：北京市海淀区阜成路甲 28 号　邮编：100142
总编部电话：010 - 88191217　发行部电话：010 - 88191522
网址：www. esp. com. cn
电子邮箱：esp@ esp. com. cn
天猫网店：经济科学出版社旗舰店
网址：http：//jjkxcbs. tmall. com
北京季蜂印刷有限公司印装
710 × 1000　16 开　11.25 印张　200000 字
2022 年 4 月第 1 版　2022 年 4 月第 1 次印刷
ISBN 978 - 7 - 5218 - 3595 - 3　定价：42.00 元
（图书出现印装问题，本社负责调换。电话：010 - 88191510）
（版权所有　侵权必究　打击盗版　举报热线：010 - 88191661
QQ：2242791300　营销中心电话：010 - 88191537
电子邮箱：dbts@ esp. com. cn）

本书出版得到了安徽省自然科学基金面上项目"'二元结构'视角下人力资本代际传递对城乡收入不平等的影响机制及其干预对策研究"（项目编号：1808085MG219）的资助。

前　言

曾几何时，"寒门再难出贵子"一文在网络上热议，并引起强烈反响，反映了人们对社会阶层固化的担忧。特别是对农村家庭来说，现实处境更为尴尬，其人力资本投资存在家庭教育缺失、户籍管制、城市偏向政策制约等困境。上述困境源于城乡二元体制，若得不到彻底消除，城乡家庭的人力资本差距可能会越来越大，其演化结果不仅会导致城乡收入差距不断扩大，而且会降低社会流动性、固化社会阶层，从而危及社会和谐与稳定，阻碍城乡共同富裕实现。本书基于中国二元体制情境研究人力资本及其代际传递对城乡居民收入及其不平等的影响，丰富和拓展了城乡共同富裕研究，具有重要的理论价值和现实意义。

本书内容分为九章。第 1 章为绪论，提出问题及其对推动共同富裕的研究意义。第 2 章研究父母的人力资本如何传递影响子女教育。研究发现：父母学历会显著提升子女受教育水平，且学历的"门当户对"有利于子女教育和人力资本积累。第 3 章、第 4 章、第 5 章讨论了人力资本对于家庭或个人的金融资产投资、消费的影响。研究发现：人力资本越高，越偏好风险，从而越倾向于股票投资而非储蓄来积累财富。第 6 章讨论了父母人力资本、社会地位等家庭背景如何影响子女收入。研究发现：子女收入明显受到了父母人力资本的影响，尤其是母亲学历对子女收入差距的影响更为明显。第 7 章引入了城乡二元体制等中国情境并讨论了其表现和制度特征。第 8 章在二元体制背景下研究了城乡人力资本代际传递差异对于城乡收入不平等的影响。研究发现：城乡父母人力资本代际传递差异对于子女收入不平等的影响要小于城乡子女自身人力资本差异带来的影响；并且 DID 政策评估表明，二元体制的影响在弱化。第 9 章基于人力资本角度提出了促进共同富裕的对策建议。

　　总而言之，父母人力资本会传递影响子女受教育水平，进而也会影响家庭投资、消费等经济行为以及财富积累。家庭出身的不同会影响子女的收入水平。在二元体制背景下，城乡父母人力资本代际传递差异的确有扩大子女收入不平等的趋势，但这种代际影响较子女本身人力资本差异的影响要小得多。本书实证研究表明，"寒门再难出贵子"可能有点危言耸听，但继续加大城乡一体化改革力度，推动城乡共同富裕，还是刻不容缓的。我们完全有理由相信，随着中国改革开放步伐的不断加快，"寒门"弟子向上流动的通道会越来越宽，城乡共同富裕的目标终将会实现。

周世军

2022 年 2 月

目　　录

第1章　绪论 ·· 1

　1.1　共同富裕背景 ·································· 1

　1.2　内容安排 ······································ 4

　1.3　创新与不足 ···································· 5

第2章　父母人力资本如何代际影响子女教育 ··········· 6

　2.1　文献梳理 ······································ 6

　2.2　基于 CGSS 数据的研究设计 ················· 9

　2.3　人力资本代际传递实证评估 ················· 14

　2.4　人力资本代际传递的进一步讨论 ············· 18

　2.5　本章小结 ····································· 25

第3章　人力资本与家庭金融资产投资决定 ············· 26

　3.1　基于 CHFS 数据的研究设计 ················· 26

　3.2　家庭金融资产持有统计描述 ················· 28

　3.3　人力资本与金融资产投资决策 ··············· 35

　3.4　人力资本与金融资产投资结构 ··············· 40

　3.5　本章小结 ····································· 46

第 4 章 人力资本为何会影响家庭金融投资 ················· 48

4.1 基准回归模型估计 ················· 48

4.2 风险偏好的中介作用模型构建 ················· 49

4.3 中介传导作用模型估计 ················· 53

4.4 人力资本与风险偏好的交互效应 ················· 56

4.5 本章小结 ················· 58

第 5 章 人力资本与消费：特征与机制 ················· 60

5.1 问题提出 ················· 60

5.2 数据来源与统计描述 ················· 62

5.3 研究假说检验 ················· 65

5.4 本章小结 ················· 72

第 6 章 家庭对子女收入的影响 ················· 75

6.1 问题提出 ················· 75

6.2 文献综述 ················· 76

6.3 抽样调查设计 ················· 78

6.4 父母人力资本对子女收入影响 ················· 81

6.5 家庭状况对子女收入影响 ················· 87

6.6 本章小结 ················· 98

第 7 章 城乡共同富裕的制度壁垒：二元体制 ················· 100

7.1 城乡二元体制的历史由来 ················· 100

7.2 城乡二元体制的主要表现 ················· 101

7.3 二元体制的稳定性与变迁分析 ················· 105

7.4 本章小结 ················· 108

第8章　二元体制下人力资本代际传递与城乡收入不平等 ………… 110

8.1　问题提出　…………………………………………………… 110

8.2　研究假说提出　……………………………………… 112

8.3　数据匹配与统计描述　……………………………… 115

8.4　人力资本差异对城乡收入差距的影响　………… 125

8.5　实证研究的进一步讨论　………………………… 134

8.6　本章小结　…………………………………………… 140

第9章　改善人力资本投资，推动共同富裕…………………… 142

9.1　打破城乡制度壁垒，促进人力资本代际流动　………… 142

9.2　深化基础教育改革，塑造人力资本发展潜力　……… 143

9.3　加大职业技能培训，提升农民工人力资本水平　……… 144

9.4　深化高等教育改革，全面提高人力资本质量　……… 144

9.5　合理配置人力资本，推动全体人民共同富裕　………… 145

参考文献………………………………………………………… 147

附录……………………………………………………………… 164

后记……………………………………………………………… 169

第 *1* 章

绪　　论

共同富裕背景

1.1.1　问题提出

曾几何时，"寒门再难出贵子"[①] 一文在网络上热议，并引起强烈反响，反映了人们对于社会阶层固化的担忧。特别对于农村家庭来说，现实处境更为尴尬，其人力资本投资存在以下困境：

一是家庭教育缺失。家庭是父辈影响子代的主要社会机制，语言、宗教、价值观和经济资源都会从父辈向子代传递（谢宇，2015）。家庭教育的极端重要性早已被社会学家所证实。农村父母外出务工、子女留守，父辈言传身教的缺失和祖辈隔代教育（Zeng and Xie，2014）的陈旧与溺爱造成了大量农村子女辍学或过早地进入劳动力市场[②]。

二是户籍管制存在。户籍管制不仅造成了务工农民子女难以就读务工地正规学校，而且户籍歧视也造成了务工农民难以融入城市，社会关系仅

[①]　教师发帖称"寒门再难出贵子"引热议［EB/OL］. 科学网，2011 - 08 - 25.
[②]　国家民政部网站公布，2018 年全国共有农村留守儿童 697 万余人，其中 96% 由祖父母或外祖父母照顾。

限于家乡的亲戚、朋友、同学等血缘、地缘关系，这种割裂的社会资本也会影响父辈对于子女的人力资本投资。

三是城市偏向政策制约。城市偏向政策造成了城乡之间的教育、医疗等公共投入不均衡以及农村居民的社会福利缺失、就业歧视和收入偏低等[①]，这些均会制约农村家庭的人力资本投资。

上述困境的产生源于城乡二元体制。二元体制的存在使得城乡人力资本代际传递与收入不平等之间带有明显的制度特征。体制对于经济活动的影响至关重要（周其仁，2017；陈宗胜等，2018）。制度不公会降低人力资本效率，阻碍人力资本积累（王学龙、袁易明，2015）。二元体制会抑制农村人力资本投资的积极性，人力资本效应难以充分发挥（王金营，2004）。城市偏向（陆铭、陈钊，2004；周世军、周勤，2011）致使城市居民享有更好的教育资源和更高的医疗水平，从而在制度上造成了城乡居民的人力资本差异和收入不平等现象。

这种城乡之间的制度性壁垒若得不到彻底消除，城乡家庭的人力资本差距可能会越来越大，其演化结果不仅会导致城乡收入不平等不断扩大，驱动创新发展越发困难，而且会降低社会流动性、固化社会阶层，从而危及社会和谐与稳定，阻碍城乡共同富裕的实现。厉以宁（2013）指出，党的十八大以后，首要的、具有关键性意义的经济体制改革无疑是包括教育资源均衡配置和户籍一元化在内的城乡一体化改革，可以带来最大改革红利[②]。然而，截至目前，鲜有学者基于二元体制情境讨论人力资本及其代际传递对于城乡居民收入及其不平等的影响。本书的研究是一个有益的尝试，不仅能够凸显制度改革的重要性，而且还将拓展 Mincer 收入决定方程以及基于样本数据客观回答"寒门"是否真的再难出"贵子"。本书丰富了以往研究，为共同富裕研究提供了新视角。

---

① 皮凯蒂（Thomas Piketty）在《21 世纪资本论》中的一个发现是："资本报酬的增长总是快于经济增长"。尽管此观点具有争议性，但资本回报高于劳动力回报多被现实所证实。中国社科院蓝皮书指出农民工往往从事的是劳动密集型的制造业和服务业，收入一般偏低。

② 厉以宁. 城乡二元体制改革可以带来最大改革红利 [EB/OL]. 光明网，2013 - 06 - 23.

1.1.2 研究意义

习近平总书记在《扎实推动共同富裕》①中指出，共同富裕是社会主义的本质要求，是中国式现代化的重要特征。根据 2010~2019 年全国 31 个省（市、自治区，不含港澳台地区）面板数据估计（见图 1-1），城乡平均受教育年限差距每增加 1 年，城乡收入差距扩大 4.3 个百分点。缩小城乡教育差距有助于缩小城乡收入差距、实现城乡共同富裕。另外，鉴于当前中国经济亟须转型升级，创新驱动发展须以人力资本为支撑，由"人

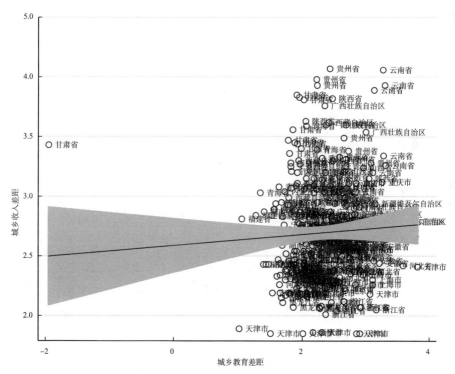

图 1-1 城乡收入差距与教育差距的散点拟合图

---

① 刊发于 2021 年第 20 期《求是》杂志。

口红利"转向"人力资本红利"推动的经济发展则须高度重视城乡家庭人力资本投资,破解人力资本投资困境,尤其是实现农村人力资本向上流动,缩小城乡收入不平等。因此,基于人力资本及其代际传递视角阐释城乡共同富裕问题,具有十分重要的政策内涵和现实意义。

1.2

内容安排

本书主要研究人力资本代际传递对城乡居民收入及其不平等的影响,也是从人力资本视角讨论城乡共同富裕问题。其基本理论逻辑是:家庭出身的不同,父母的人力资本对子女人力资本的影响就不一样,而人力资本又会影响居民的投资和消费行为,进而也影响了城乡居民的收入及其不平等,在二元体制情境下,城乡收入不平等可能会呈现扩大趋势,从而会阻碍城乡共同富裕的实现。上述逻辑究竟如何?本书试图实证回答这个问题。本书内容共分为9章,具体如下:

第1章为绪论。先提出研究问题,即基于中国二元体制情境研究人力资本及其代际传递对于城乡居民收入及其不平等的影响,然后指出了该研究对于推动共同富裕的重要意义。

第2章为父母人力资本如何代际影响子女教育。研究父母人力资本对子女教育的代际传递影响,不仅考虑了不同家庭之间的学历水平差异,而且还进一步讨论了家庭内部父母学历差距对子女的教育影响。

第3章为人力资本与家庭金融资产投资决定。基于中国家庭金融调查数据(CHFS),利用 Logit 和 Tobit 模型实证研究了人力资本对家庭金融资产投资选择行为的影响。

第4章为人力资本为何会影响家庭金融投资。在第3章研究的基础上构建了风险偏好的中介作用(传导)模型以及分位数回归模型,实证研究了人力资本对家庭金融资产投资行为的内在作用机理及其异质性影响。

第5章为人力资本与消费:特征与机制。讨论了不同的人力资本对消费产生不一样的边际影响，并且通过中介效应模型检验识别学历可通过风险偏好传导影响信贷消费。

第 6 章为家庭对子女收入的影响。利用分位数回归、Oaxaca – Blinder 分解法以及 ISEI 社会经济指标模型等方法从人力资本代际传递角度阐释收入决定问题，研究父母受教育水平、社会地位对子女收入的影响。

第 7 章为城乡共同富裕的制度壁垒：二元体制。引入了城乡二元体制等中国情境并基于制度经济学理论（尤其是诺思和巴泽尔的理论）讨论了城乡二元体制为何保持一定的稳定性及其制度变迁需要的条件。

第 8 章为二元体制下人力资本代际传递与城乡收入不平等。主要利用了 PSM 方法对城乡被调查者进行样本匹配，实证研究了二元体制背景下城乡父母的人力资本代际传递差异对子女收入不平等的影响，并对城乡二元体制进行 DID 政策评估。

第 9 章为改善人力资本投资，推动共同富裕。基于人力资本角度提出了一些促进城乡共同富裕的对策建议。

1.3

创新与不足

本书有两个创新点：一是基于人力资本及其代际传递视角讨论城乡收入不平等或城乡共同富裕问题，是一个重要的研究视角创新；二是人力资本代际传递涉及的是家庭微观层面问题，而城乡收入不平等则是宏观问题，将微观问题和宏观问题匹配起来进行研究是一个研究方法的创新。不足之处主要在于缺乏人力资本代际跟踪调查数据。尽管本书在实证研究过程中进行了匹配处理，但估计结果有可能会存在一定的偏误问题。

第 2 章

父母人力资本如何代际
影响子女教育

2.1

文献梳理

通常我们认为，父母学历越高，子女受教育水平也会越高。出身书香门第，子女耳濡目染也会得到父母的"真传"。国内外研究文献基本上也证实了父母学历对子女教育有显著的正向影响（Treiman，1997；Haan and Plug，2009；孙永强、颜燕，2015；林群，2015）。根据中国综合社会调查（CGSS）数据，本书绘制的父母学历与子女受教育水平散点图（见图 2-1）反映了随着父母学历的提高，子女受教育水平确实呈现了递增的趋势。对此，学者们从人力资本的投资能力（Plug and Vijverberg，2005）、投资效率（Guryan et al.，2008）和投资观念（Kirchsteiger and Sebald，2009）等方面给出了解释，认为：一是高学历父母具有更高的收入可以为子女提供更好的营养条件和学习环境；二是高学历父母教育子女的效率更高；三是高学历父母不仅注重教育投资，而且还重视教育的理念和优良传统。

然而，也有学者提出不同观点，例如斯贝格特（Spagat，2006）指出，父母学历对子女受教育程度的影响有正面和反面，不能一概而论。对此，本书较为认同，如图 2-1 中的三维坐标上出现了一些父母学历较高的家庭子女受教育水平却较低的散点。对于高学历家庭中子女受教育程度不高的现象，斯贝格特的解释是高学历父母家庭中的子女贪图享受，没有利用好父母创造的条件。

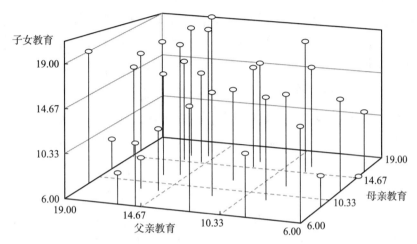

图 2 - 1　父母学历与子女受教育水平

资料来源：笔者根据 CGSS 数据绘制。

与斯贝格特解释不同的是，本书认为这可能需要从以下两个方面厘清问题产生的原因：

一是从家庭之间比较来看。诚然，父母学历越高的家庭，教育子女的水平和质量一般较高，从而较大的提升子女的文化程度。高学历父母对子女教育的参与度更高，注重培养子女的兴趣爱好，投入大量时间教孩子阅读，关心孩子的心理健康，采取温和的教育方式，较少体罚孩子。但同时也可能产生另外一种情况：父母学历越高，工作的职位可能会越高，工作更加忙碌[1]，从而无暇照顾、陪伴和教育子女。

二是从家庭内部分工来看。父母之间的学历差距可能导致子女教育效

---

[1]　由中国社会科学院财经战略研究院、中国社会科学院旅游研究中心、社会科学文献出版社共同发布的《2016～2017 年中国休闲发展报告》指出，学历越高，工作时间反而越长。

果的差异。中国自古以来就有"男主外、女主内"的传统家庭分工模式，并且男女婚配学历一般呈现男高女低的特征（这也被书中的图 2 - 2 所佐证），教育子女、操持家务的工作更多地由学历较低的母亲来承担。因而，不少研究得出"子女教育主要受母亲的教育程度影响较大"[①] 的结论不足为奇。但若母亲学历过低，则教育子女的方式可能更为简单。父亲学历若高得多，则在教育子女的问题上容易与低学历母亲产生较大分歧，子女教育效果会受到影响。于是，本书推断认为，在家庭内部，父母学历差距过大不利于子女教育。当然，这有待于本书的实证检验。

本书讨论的话题属于劳动经济学经典问题，也是当前热议的一个问题，即代际流动（intergenerational mobility）或代际传递（intergenerational transfer）。代际流动的研究文献较早集中于收入的代际流动[②]，人力资本的代际流动近些年才逐渐被人们所重视，意指人力资本由父代传递给子代。子女的人力资本不仅取决于父母对其教育、健康等跨代投资，还取决于父母通过平时的言传身教将自身的知识、素养和能力等传递给子女[③]。代际流动性意味着个人的成功主要取决于自身的努力和能力，而非家庭背景。人力资本的代际流动最早可追溯至贝克尔和托姆斯（Becker and Tomes，1979）的经典研究，之后的相关研究成为了人力资本和收入分配研究的一个重要领域。贝克尔和托马斯很早就指出了，子女的人力资本可以通过遗传决定种族、能力、家庭声望、人脉及其家庭环境所提供的知识、技能和目标。

---

① 李旻，赵连阁，谭洪波. 农村地区家庭教育投资的影响因素分析——以河北省承德市为例 [J]. 农业技术经济，2006 (5)：73 - 78.

② Becker G. S. and Tomes, N.. An equilibrium theory of the distribution of income and intergenerational mobility [J]. Journal of Political Economy, 1979, 87 (6)：1153 - 1189.

Solon G. Intergenerational Income Mobility in the United Stated [J]. American Economic Review, 1992, 83 (3)：393 - 408.

陈琳，袁志刚. 中国收入代际流动性的趋势与内在传递机制 [J]. 世界经济，2012 (6)：115 - 131.

③ Qin X. , et al.. Intergenerational transfer of human capital and its impact on income mobility：Evidence from China [J]. China Economic Review, 2016, 38：306 - 321.

意识到人力资本代际传递中家庭环境、背景和父母遗传的重要作用之后，许多学者开展了深入研究。阿基和克罗克（Agee and Crocker，2000）从家庭环境角度讨论了人力资本的代际传递，认为人力资本代际传递与家庭环境密不可分，环境越差的家庭提高子女的人力资本需要花费更高的成本。而马丁（Martin，2012）从家庭结构角度研究了人力资本代际传递的特征，结果发现，与在双亲家庭中长大的孩子相比，单亲家庭的孩子受教育水平普遍较低，并且指出了家长的教育期望、代际封闭和子女参与的休闲活动解释了这种代际传递的差异。黄（Huang，2013）从家庭经济来源和财产角度实证研究了教育的代际传递，研究发现，家庭财产会增加父母与男孩在校受教育年数之间的相关性。与之相对应的是，也有许多研究表明，子女的教育尤其是女孩的教育，主要受母亲的学历影响较大，以及子女在很大程度上继承了父母的社会经济地位（Hertz et al.，2008；Checchi et al.，2013）。

上述研究为本书提供了很好的借鉴作用。但与以往研究不同的是，本书在深入分析父母学历代际影响的同时，不仅考虑不同家庭之间的学历水平差异，而且还将进一步讨论家庭内部父母学历差距对子女的教育影响，并试图为高学历家庭出现的低学历子女现象提供解释。

2.2

基于 CGSS 数据的研究设计

2.2.1　样本数据与变量说明

样本数据来自中国综合社会调查（CGSS）[①] 2013 年调查数据。该调

---

① 中国综合社会调查（Chinese General Social Survey，CGSS）始于 2003 年，是我国最早的全国性、综合性、连续性学术调查项目，由中国人民大学中国调查与数据中心负责执行。CGSS 系统全面地收集社会、社区、家庭、个人多个层次的数据，总结社会变迁的趋势，探讨具有重大科学和现实意义的议题，推动国内科学研究的开放与共享，为国际比较研究提供数据资料，充当多学科的经济与社会数据采集平台。

查在全国一共抽取了 100 个县（区），以及北京、上海、天津、广州、深圳 5 个大城市作为初级抽样单元，共调查了 480 个村/居委会，共计 12 000 个家庭。中国综合社会调查的目的是，通过对城乡家庭的年度社会调查，系统监测社会结构、生活质量及其互动与变化。调查内容基本囊括了家庭的各个方面，其中就涉及了家庭教育和亲子关系等，这为本书的研究提供了很好的数据支撑。鉴于研究目的，本书选取了教育已经完成的被调查者及其家庭作为分析对象，剔除被调查者及其父母的教育数据缺损，最终形成有效样本点 9 055 个。

CGSS 问卷中，被调查者及其父母的学历问答设计为"您/父亲/母亲的最高教育程度"，选项为："没有受过任何教育""私塾""小学""初中""职业高中""普通高中""中专""技校""大学专科（成人高等教育）""大学专科（正规高等教育）""大学本科（成人高等教育）""大学本科（正规高等教育）""研究生及以上"及其他等 14 个选项。为了便于实证研究，本书将上述学历转换为受教育年限，分别为：没有受过任何教育 =0 年，私塾、小学 =6 年，初中 =9 年，高中/中专/技校 =12 年，大学专科 =15 年，大学本科 =16 年，研究生及以上 =19 年。除了受教育水平，其他一些信息，如被调查者的性别、年龄、婚姻、家庭背景等相关变量描述统计如表 2 -1 所示。

表 2 -1   变量描述统计

调查对象	调查内容	变量名	最小值	最大值	均值	标准差
被调查者	受教育年限（年）	*Education*	0	19	9.19	4.96
	性别（男性 =1，女性 =0）	*Gender*	0	1	0.50	0.50
	年龄（年）	*Age*	17	81	36.88	12.59
	党员身份（是 =1，否 =0）	*Party*	0	1	0.10	0.30
	健康状况（差 =1，较差 =2，一般 =3，良好 =4，很好 =5）	*Healthy*	1	5	3.71	1.08
	婚姻状况（已婚 =1，未婚 =0）	*Married*	0	1	0.89	0.32

续表

调查对象	调查内容	变量名	最小值	最大值	均值	标准差
被调查者	全职务农（是 =1，否 =0）	Farm	0	1	0.54	0.50
	户籍（农业户口 =1，非农户口 =0）	Hukou	0	1	0.55	0.50
	14 岁时家庭社会地位（最底层 =1，最顶层 =10）	Astate	1	10	3.03	1.85
被调查者父亲信息	受教育年限（年）	F-education	0	19	5.25	4.87
	党员身份（是 =1，否 =0）	F-party	0	1	0.13	0.33
	全职务农（是 =1，否 =0）	F-farm	0	1	0.63	0.48
	专业职称（有 =1，无 =0）	F-profession	0	1	0.04	0.20
	年龄（年）	F-age	35	106	71.96	16.90
被调查者母亲信息	受教育年限（年）	M-education	0	19	3.37	4.46
	党员身份（是 =1，否 =0）	M-party	0	1	0.02	0.14
	全职务农（是 =1，否 =0）	M-farm	0	1	0.65	0.48
	专业职称（有 =1，无 =0）	M-profession	0	1	0.01	0.08
	年龄（年）	M-age	33	110	69.78	16.40

2.2.2　父母学历与子女教育现状基本描述

根据 CGSS 中的父母与子女学历调查数据，作出家庭中父母的最高学历与子女受教育水平的关联数据如表 2－2 所示。表 2－2 显示：在父母最高学历为小学及以下的家庭中，子女上大学的比例仅为 7.7%，而对于父母最高学历是初中、高中、大学、研究生及以上的家庭，子女上大学的比例却分别为 27.1%、42.7%、61.2% 和 80%。随着父母学历水平的提高，子女受教育水平会明显提高。因此，总体上看，高学历父母有助于子女教育水平提升。

表 2 - 2   父母与子女的学历分布

家庭中父母的最高学历	家庭数（个）	子女受教育水平（个）				
		小学及以下	初中	高中（中专）	大学（本专科）	研究生及以上
小学及以下	5 961	2 060 (34.6%)	2 323 (39.0%)	1 120 (18.8%)	446 (7.5%)	12 (0.2%)
初中	1 705	156 (9.1%)	550 (32.3%)	536 (31.4%)	454 (26.6%)	9 (0.5%)
高中（中专）	1 047	73 (7.0%)	230 (22.0%)	297 (28.4%)	429 (41.0%)	18 (1.7%)
大学（本专科）	332	10 (3.0%)	44 (13.3%)	75 (22.6%)	174 (52.4%)	29 (8.7%)
研究生及以上	10	0 (0%)	2 (20.0%)	0 (0%)	6 (60.0%)	2 (20.0%)

注：括号内数字为父母相同学历的家庭中子女学历人数占比。

另外，从表 2 - 2 中隐含的信息，我们也会获得关注人力资本代际传递的重要意义。不妨以表 2 - 2 中的比例近似表示概率，则根据贝叶斯公式很容易计算出上大学子女来自各种学历家庭的概率。具体算法为：以 A 表示子女上大学，$B_i (i = 1, 2, 3, 4, 5)$ 分别表示父母学历是"小学及以下""初中""高中""大学""研究生及以上"的家庭，则上大学子女来自不同学历家庭的概率计算公式为：

$$P(B_i | A) = \frac{P(B_i) \times P(A | B_i)}{\sum_{i=1}^{5} P(B_i) \times P(A | B_i)} \qquad (2-1)$$

将式（2 - 1）代入表 2 - 2 相关数据，很容易计算出上大学的孩子来自"小学及以下""初中""高中"学历家庭的概率分别为 29.5%、30% 和 28.4%，而来自大学专科及以上学历的家庭概率仅为 12.1%。下面将这一结果与表 2 - 2 结合起来理解。

前面提到父母是小学文化程度的家庭，子女考上大学的概率仅为 7.7%，而考上大学的子女来自小学文化家庭的概率却达到了 29.5%，其中的原因是低学历家庭在总社会中所占的比例较高所致。短期内，上述各类家庭在全社会中所占的比例若相对固定的话，则提高全社会的学历水平可以通过提高子女升学率，尤其是低学历家庭的子女升学率来实现。因此，关注家庭中父母对子女教育的代际影响对于提高全社会知识水平尤为重要。

从家庭内部来看，父母对子女教育的影响也存在一定的差异性。图 2－2（a）的横坐标表示母亲学历，纵坐标表示父亲学历，显示了随着母亲学历的提高，父亲学历越来越高；图 2－2（b）的横坐标表示父亲学历，纵坐标表示母亲学历，显示了随着父亲学历的提高，母亲学历没有呈现递增的趋势。图 2－2 说明了女性一般不会选择较自身学历更低的男性作为婚配对象，而男性则不一定。CGSS 数据统计显示：父母学历相同的家庭占到了样本家庭总数的 55.3%，父亲学历超过母亲的家庭占比为37.8%，而父亲学历低于母亲的家庭仅占 6.9%。父亲学历的相对较高容易使得他们在劳动力市场获得工作。而较低学历以及劳动力市场上可能存在的性别歧视会使得母亲选择相夫教子和操持家务。长时间的陪伴和教导子女使得母亲比父亲有更大的影响力。但前提是母亲与父亲之间的学历差距不能太大，否则容易产生认知差异和教育分歧，不利于子女教育。这一点将在后面予以检验。

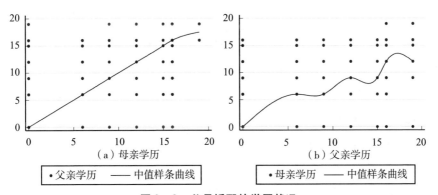

图 2－2　父母婚配的学历状况

2.3

人力资本代际传递实证评估

2.3.1 实证模型构建与结果分析

本书关注的是父母学历对于子女教育的代际影响。毫无疑问，父母学历因素将被作为主要解释变量引入模型中。除此以外，子女自身的一些特征以及父母职业、家庭背景等也需要考虑。构建计量模型如下：

$$Education_i = \alpha_0 + \alpha_1 F\_education_i + \alpha_2 M\_Education_i + \sum_{j=1}^{k} \tau_j X_i + u_i$$

$$(2-2)$$

其中，被解释变量 $Education$ 表示子女的受教育水平，解释变量 $F\_education$、$M\_Education$ 分别表示父母的文化程度，均以受教育年限表示；X 为控制变量，不仅包括影响子女教育的一些父母信息，如父母的年龄（F_age、M_age）、政治面貌（F_party、M_party）、专业职称（$F\_profession$、$M\_profession$）、家庭社会地位（$Astate$）等，而且还包含子女的一些自身信息，如子女的性别（$Gender$）、健康状况（$Healthy$）、户籍（$Hukou$）等。

式（2-2）的普通最小二乘估计结果如表 2-3 所示。其中，模型（1）、模型（4）为仅含有解释变量 $F\_education$、$M\_Education$ 的回归结果；模型（2）、模型（5）、模型（7）、模型（8）为含有解释变量 $F\_education$、$M\_Education$ 和根据 $Stepwise$ 逐步回归筛选出的控制变量进行回归的结果；模型（3）、模型（6）则是对解释变量和所有的控制变量进行回归的结果。表 2-3 中带有控制变量的回归结果表明：（1）父母文化程度对于子女受教育水平有显著的提升作用；（2）对于父亲学历高于母亲的家庭来说，父亲受教育年限每增加 1 年，子女受教育年限平均增长

0.09 年，与之相比，母亲能够提升子女的平均受教育年限 0.22 年；对于父亲学历低于母亲的家庭而言，父亲的边际影响约为 0.28，而母亲仅为 0.09。

表 2－3　　　　　　　　父母学历对于子女教育的影响回归

变量名	父亲学历较高家庭			母亲学历较高家庭			父母学历相同家庭	
	模式（1）	模式（2）	模式（3）	模式（4）	模式（5）	模式（6）	模式（7）	模式（8）
$F\_education$	0.140 *** (0.024)	0.092 *** (0.029)	0.086 *** (0.030)	0.341 *** (0.048)	0.284 *** (0.057)	0.266 *** (0.059)	0.268 *** (0.013)	
$M\_education$	0.322 *** (0.020)	0.217 *** (0.025)	0.216 *** (0.025)	0.176 *** (0.062)	0.086 (0.073)	0.089 (0.076)		0.259 *** (0.014)
F_party			0.162 (0.171)			－0.029 (0.373)	0.377 ** (0.149)	
$F\_profession$		0.449 * (0.251)	0.360 (0.272)			0.418 (0.561)		
M_party			－0.352 (0.481)			－0.056 (0.440)		
$M\_profession$			0.667 (0.744)			0.228 (0.826)		
$Astate$		0.086 ** (0.036)	0.082 ** (0.036)		0.254 *** (0.075)	0.238 *** (0.079)	0.147 *** (0.029)	0.123 *** (0.030)
$Gender$		0.626 *** (0.125)	0.612 *** (0.126)			0.101 (0.275)	0.373 *** (0.094)	0.452 *** (0.098)
$Healthy$		0.388 *** (0.064)	0.384 *** (0.064)			0.198 (0.146)	0.350 *** (0.048)	0.408 *** (0.049)
$Hukou$		－2.350 *** (0.145)	－2.339 *** (0.146)		－2.090 *** (0.331)	－2.112 *** (0.342)	－2.321 *** (0.109)	－2.164 *** (0.120)
其他控制变量	N	N	Y	N	Y	Y	N	

续表

变量名	父亲学历较高家庭			母亲学历较高家庭			父母学历相同家庭	
	模式 (1)	模式 (2)	模式 (3)	模式 (4)	模式 (5)	模式 (6)	模式 (7)	模式 (8)
Constant	8.395 *** (0.176)	8.599 *** (0.380)	8.729 *** (0.401)	7.833 *** (0.445)	9.308 *** (0.696)	8.655 *** (0.936)	8.563 *** (0.231)	8.592 *** (0.241)
Observations	3 431	1 704	1 704	624	343	343	2 830	2 579

注：①***、**、*分别表示 0.01、0.05 和 0.1 显著性水平；②括号内数字为标准误；③限于篇幅，父母的年龄、是否从事非农生产等其他控制变量估计结果未列出；④模型 (7) 和模型 (8) 没有将父母受教育水平放在一起回归，是由于 *F-education = M-education* 会导致模型存在完全多重共线性。

以往不少研究表明，母亲对子女受教育水平影响要大于父亲，认为在人力资本代际传递上，母亲比父亲承担了更重要的角色。但本书认为，该结论的成立可能需要满足父亲学历相对较高这一条件。新中国成立以后，随着经济发展和社会进步，越来越多的女性和男性一样接受教育，进入劳动力市场，男人也开始承担起越来越多的家庭责任。父母学历不同造成了人力资本代际传递的差异性，这种差异性也导致了不同家庭之间子女受教育水平的差距。图 2-3 给出了不同学历家庭的子女受教育水平分布情况。属性变量关联性检验①表明，子女受教育水平与家庭类型之间有显著关联。随着母亲学历水平的提升，子女的受教育水平也会相应提高。

另外，表 2-3 中模型 (2)、模型 (3)、模型 (5)、模型 (6)、模型 (7)、模型 (8) 的估计结果均显示，无论是哪种类型家庭，家庭的社会地位会显著提升子女受教育水平。家庭社会地位越高越可能会给子女带来好的学习环境和发展机遇，从而提升子女的受教育水平。本书将家庭社会地位作为控制变量，目的是为刻画父母学历对于子女教育的净影响。

---

① 卡方、似然比卡方和 Mantel - Haenszel 卡方检验统计量分别为 192.16、193.66 和 37.53，其对应的 P 值均小于 0.0001，呈现显著的相关性。

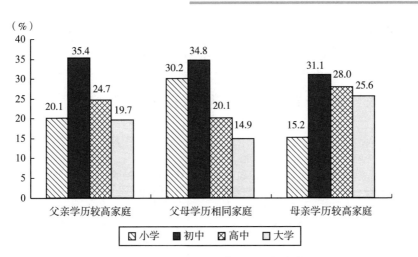

图 2 - 3　不同父母学历家庭的子女教育水平

2.3.2　内生性讨论

造成内生性的原因可以归纳为三种情况：一是自变量与因变量之间存在反向因果（或双向因果）关系；二是遗漏变量；三是度量误差。式（2 - 2）中的子女受教育水平并不会影响父母的文化程度、政治面貌、专业职称等，无法构成反向因果关系。式（2 - 2）中很可能造成内生性问题是遗漏变量问题。CGSS 数据没有被调查者 14 岁时父母的收入数据，而家庭收入一般也被认为是影响子女教育的一个重要因素。遗漏的被调查者 14 岁时父母的收入变量进入扰动项之后，很可能造成扰动项与被调查者"14岁时家庭社会地位"变量相关，从而导致内生性问题。

内生性的最常用检验方法是豪斯曼检验（hausman test）。经过工具变量识别判断，父亲的"党员身份"和"专业职称"是很好的工具变量，满足了相关和外生条件。以父亲学历高于母亲学历的家庭为例，豪斯曼检验结果（见表 2 - 4）表明，在 0.1 的显著性水平下，接受了不存在内生性变量的原假设，表明式（2 - 2）中的扰动项与家庭社会地位变量不相关。其他家庭检验结论相同，不再赘述。需要强调的是，表 2 - 3 中模型

（3）和模型（6）的估计结果表明，父母的"党员身份"和"专业职称"变量作用并不显著，逐步回归模型（2）、模型（5）、模型（7）和模型（8）的估计结果也佐证了这一点。因此，表2-3中的"党员身份"和"专业职称"变量完全可以剔除，从而在进行内生性检验时可被用作工具变量。

表2-4　　　　　　　　父亲学历较高家庭的 Hausman 检验

变量名	(b) IV	(B) OLS	(b - B) Difference	sqrt（diag（V_b - V_B）） S. E.
F_education	0.139	0.114	0.025	0.010
M_education	0.126	0.204	-0.078	0.044
M_party	-0.481	-0.573	0.092	0.143
M_profession	-0.226	0.917	-1.144	0.575
Astate	1.234	0.094	1.140	0.673
Gender	0.946	0.599	0.347	0.204
Healthy	0.202	0.367	-0.165	0.113
Hukou	-2.040	-2.385	0.345	0.185
其他控制变量	Y	Y	—	—
Constant	4.701	8.641	-3.939	2.356

Test：Ho：difference in coefficients not systematic

chi2（12）=（b - B）'［（V_b - V_B）^（-1）］（b - B）=13.06　Prob > chi2 = 0.870

2.4

人力资本代际传递的进一步讨论

2.4.1　关于父母学历差距与子女教育

父母，尤其是母亲在子女教育中的作用意义重大。前面也提到，这可能与"学历决定家庭分工"有关。CGSS 问卷设计了一道问题，就是询问被调查者 14 岁时母亲的就业状况。表 2 - 5 列出了母亲的就业状况分布。随着母亲在家庭中的学历水平的提升，料理家务的母亲人数占比由 18.79% 下降到 14.06%，全职务农也由 58.54% 下降到 42.02%，而受雇于他人则由 12.53% 大幅上升至 29.87%。这一组数据反映出，母亲学历越高，进入劳动力市场的概率就越大，陪伴和照顾子女的时间就越少。结合表 2 - 3 中模型（4）、模型（5）、模型（6）所列的估计结果可以推断：在母亲学历较高的家庭中，母亲对子女教育的影响较小可能与学历较高的母亲陪伴和照顾子女的时间减少有关。

表 2 - 5　　　　　　　被调查者 14 岁时母亲的就业状况

被调查者 14 岁时，母亲的就业状况	父亲学历较高		父母学历相同		母亲学历较高	
	频数	百分比（%）	频数	百分比（%）	频数	百分比（%）
个体工商户	78	2.05	98	1.53	19	2.78
兼业务农，同时从事一些非农工作	28	0.74	33	0.51	10	1.46
劳务工/劳动派遣人员	31	0.82	76	1.18	12	1.76
离退休（不在职）	9	0.24	10	0.16	4	0.59
料理家务	714	18.79	849	13.22	96	14.06
零工，散工（无固定雇主的受雇者）	54	1.42	86	1.34	7	1.02
全职务农	2 224	58.54	4 236	65.98	287	42.02
丧失劳动力	12	0.32	14	0.22	0	0
受雇于他人（有固定雇主）	476	12.53	671	10.45	204	29.87
无业（失业/下岗）	38	1.00	70	1.09	8	1.17
已去世	87	2.29	195	3.04	19	2.78
在自己家的生意或企业中工作/帮忙，不领工资	19	0.50	25	0.39	3	0.44

续表

被调查者 14 岁时，母亲的就业状况	父亲学历较高		父母学历相同		母亲学历较高	
	频数	百分比（%）	频数	百分比（%）	频数	百分比（%）
在自己家的生意或企业中工作/帮忙，领工资	9	0.24	14	0.22	6	0.88
自己是老板（或者是合伙人）	6	0.16	5	0.08	2	0.29
自由职业者	7	0.18	25	0.39	2	0.29

与之对应的调查数据显示[①]：不管父亲学历如何，他们鲜有待在家里料理家务。"男主外、女主内"的传统家庭观也会潜移默化地影响到子女。上述家庭中子女完全同意或比较同意"男人以事业为重，女人以家庭为重"的观点人数分别占到了 57.5%、62.5% 和 50.7%。说明无论在何种类型家庭，持该观点较为普遍，也反映了中国传统家庭观的根深蒂固。

综上可知，在中国的大多数家庭中，母亲学历一般不会高于父亲学历，且受"男主外、女主内"的传统观念影响，母亲更多地扮演了"相夫教子"的角色。

尽管对于父亲学历较高的家庭来说，较低学历的母亲待在家中相夫教子，有利于子女教育，但母亲与父亲之间的学历差距也不能悬殊，否则，过低一方的学历也不利于子女教育。譬如，以父母受教育年限差距 6 年为分界点，表 2-6 显示了父母学历差距较小和较大情况下子女受教育状况，可以看出：对于父亲学历较高的家庭来说，当父母受教育年限差距小于 6 年时，其子女拥有大学及以上学历的人数占比高出了父母受教育年限差距 6 年及以上的家庭 29 个百分点。同样情况也出现在母亲学历较高的家庭。

---

① 限于篇幅，受调查者 14 岁时父亲的就业状况统计表未列出。

表 2－6　　　　父亲学历较高家庭中父母学历差距与子女教育

子女受教育状况	父母受教育年限差距 <6 年		父母受教育年限差距 ≥6 年	
	频数	百分比（%）	频数	百分比（%）
没有受过任何教育	4	0.40	203	7.28
小学/私塾	52	5.14	676	24.25
初中	242	23.91	986	35.38
高中/中专/技校	289	28.56	566	20.31
大学专科	202	19.96	192	6.89
大学本科	201	19.86	143	5.13
研究生以上	22	2.17	21	0.75

注：父母受教育年限差距的分界点为 6 年是根据样本数据分布图观察确定。

　　上述描述性统计表明，父母学历差距过大不利于子女教育。为了验证影响差异，本书将样本按照父母学历高低分成"父亲学历较高家庭"和"母亲学历较高家庭"，每类家庭又按照父母学历差距在 6 年以上和 6 年以下细分为两个子样本。由于前后两类家庭分别以母亲和父亲的边际影响较大，因此对于前者家庭，回归结果只报告母亲的学历影响，而后者家庭只报告父亲的学历影响，具体结果如表 2－7 所示，可以看出：对于父母学历差距较小的家庭，父母对子女教育的影响作用要大于父母学历差距较大家庭中的父母作用。父母学历的"门当户对"有利于子女教育和人力资本提升。

表 2－7　　　　父母不同学历差距下教育代际影响分样本回归

变量名	父亲学历较高家庭				母亲学历较高家庭			
	父母受教育年限差距 <6 年		父母受教育年限差距 ≥6 年		父母受教育年限差距 <6 年		父母受教育年限差距 ≥6 年	
	模型（1）	模型（2）	模型（3）	模型（4）	模型（5）	模型（6）	模型（7）	模型（8）
$M\_education$	0.324 *** (0.054)	0.324 *** (0.056)	0.239 *** (0.031)	0.237 *** (0.032)				

变量名	父亲学历较高家庭				母亲学历较高家庭			
	父母受教育年限差距<6年		父母受教育年限差距≥6年		父母受教育年限差距<6年		父母受教育年限差距≥6年	
	模型（1）	模型（2）	模型（3）	模型（4）	模型（5）	模型（6）	模型（7）	模型（8）
$F\_education$					0.411 *** (0.085)	0.407 *** (0.093)	0.308 *** (0.067)	0.314 *** (0.074)
F_party	0.391 (0.256)	0.423 (0.293)		0.047 (0.211)		−0.150 (0.488)		0.101 (0.585)
$F\_profession$		0.178 (0.416)	0.596 * (0.331)	0.548 (0.354)		0.208 (0.741)	0.955 (0.740)	0.990 (0.863)
M_party		−0.847 (0.673)		−0.204 (0.648)		−0.514 (0.585)		0.507 (0.678)
$M\_profession$		0.923 (0.861)		0.977 (1.344)	1.175 (0.872)	1.341 (0.968)		−1.666 (1.592)
$Astate$		−0.010 (0.062)	0.148 *** (0.044)	0.146 *** (0.045)		0.063 (0.106)	0.447 *** (0.112)	0.437 *** (0.118)
$Gender$		0.085 (0.221)	0.934 *** (0.153)	0.934 *** (0.154)		−0.115 (0.373)		0.260 (0.403)
$Healthy$	0.438 *** (0.124)	0.428 *** (0.127)	0.357 *** (0.074)	0.358 *** (0.074)	0.279 (0.202)	0.273 (0.209)		−0.026 (0.209)
$Hukou$	−2.558 *** (0.266)	−2.597 *** (0.272)	−2.227 *** (0.166)	−2.200 *** (0.174)	−1.930 *** (0.466)	−1.877 *** (0.476)	−2.570 *** (0.428)	−2.436 *** (0.497)
$Constant$	9.338 *** (0.689)	9.366 *** (0.742)	8.911 *** (0.367)	8.936 *** (0.400)	11.707 *** (1.701)	11.697 *** (1.817)	9.362 *** (0.523)	9.362 *** (1.021)
Observations	552	552	1 182	1 182	190	190	153	153

注：①***、*分别表示0.01、0.1显著性水平；②括号内数字为标准误；③限于篇幅，父母的年龄、是否从事非农生产等其他控制变量估计结果未列。

2.4.2 对于高学历家庭出现低学历子女现象的解释

本书实证研究表明，父母学历越高，子女受教育水平一般也越高。但

表 2-2 显示了一部分学历较高的家庭，子女受教育水平并不高。不妨定义父母中有一位学历达到了高中（中专）学历就算作高学历家庭，则父母最高学历是高中（中专）的家庭，其子女文化程度是初中及以下水平的占 29%，父母最高学历是大学文化的，其子女文化程度是高中及以下学历的达到了 39%。这些家庭的子女受教育程度未能超过父母。尽管高学历家庭出现低学历子女的概率相对较小，但我们也不能认为这是小概率事件，背后的原因值得探讨。

根据上述研究结果，本书认为这种现象可能跟以下两点原因有关：

一是高学历家庭中母亲更忙碌不利于子女教育。调查数据证实了这一结论，在高学历家庭中，若子女学历未能高于父母，则母亲"料理家务"占比要低于其他家庭 6.7 个百分点，而"受雇于他人"占比却高出了 5.3 个百分点（见图 2-4）。

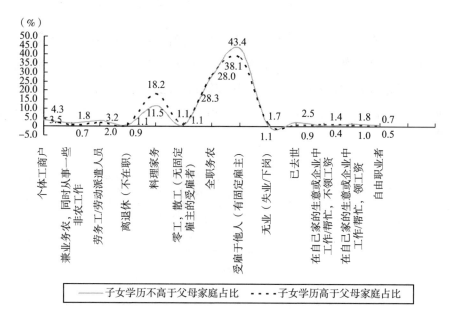

图 2-4 高学历家庭中的母亲就业与子女教育

二是在这些父母学历较高但子女学历较低的家庭中，尽管前述研究表明，父亲与母亲之间的较小学历差距有利于子女教育提升，但图2－5显示这种促进作用并没有出现，原因是此类家庭中的母亲学历较高，她们更多地进入了劳动力市场，从而影响了子女教育。

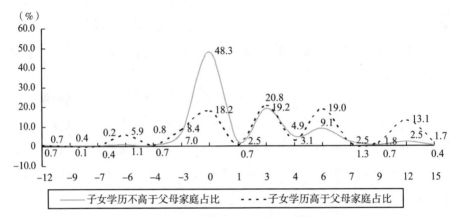

图2－5　高学历家庭中的父母学历差距与子女教育

除了上述两个主要原因外，本书认为可能还有其他原因，譬如父母与子女的关系紧张等。一般来说，若父母与子女关系融洽，教育和交流就会比较顺畅，家庭教育效果通常就会比较好；反之，关系紧张则子女教育效果很难得到保障。图2－6显示了子女学历高于父母的家庭，关系呈现"密

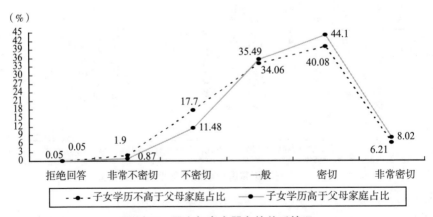

图2－6　子女与亲人朋友的关系情况

切"和"非常密切"的要比子女学历相对较低的家庭高出 6 个百分点；而关系为"不密切"和"非常不密切"的低学历子女家庭高出子女学历较高的家庭 7 个百分点，说明家庭关系融洽确实有利于子女教育水平提升。

2.5

本章小结

围绕父母学历如何影响子女教育问题，本书基于 2013 年中国综合社会调查数据实证研究发现：

（1）总体来说，父母学历越高，子女受教育水平一般呈现越高的趋势。

（2）由于中国传统的家庭分工模式是"男主外、女主内"，以及男女婚配学历一般呈现男高女低的特征，则教育子女和操持家务更多地由学历较低的母亲来承担。回归结果显示，在这种占主导的父亲学历较高的家庭类型中，子女教育主要受母亲学历影响较大。

（3）随着母亲在家庭中的学历水平提升，料理家务的母亲人数占比由 18.79% 下降到 14.06%，而受雇于他人则由 12.53% 大幅上升至 29.87%，势必影响陪伴和教育子女，而这恰好与相应回归结果中母亲学历对子女教育的边际影响降低的结论相吻合。

（4）父母学历的"门当户对"有利于子女教育和人力资本积累，其中，母亲对于子女教育的边际影响要高于父亲，学历相对较低的母亲更多地担任了"相夫教子"的角色；但若家庭中父亲与母亲之间的学历差距过大，则子女受教育水平提升较为缓慢。

基于上述发现，本书对于高学历家庭出现的低学历子女现象进行了解释，认为这是高学历家庭中，随着母亲学历上升，进入劳动力市场的概率加大，母亲对于子女教育的边际贡献降低所致。当然，除了这些，还有父母与子女之间的关系不和睦等也是解释这一现象的原因。由于 CGSS 问卷的相关信息有限，本书未能作进一步深入的分析。

第 *3* 章

人力资本与家庭金融资产投资决定

若参照宏观经济学国民经济核算方法，收入可以分解为投资和消费。而根据明瑟收入方程，收入又主要取决于人力资本。因此，分析人力资本影响收入，就可以转换为分析人力资本影响投资和消费。那么，人力资本如何影响投资呢？本章将基于家庭金融资产投资角度分析人力资本对投资决策的影响。

3.1

基于 CHFS 数据的研究设计

本部分数据来自西南财经大学中国家庭金融与研究中心 2013 年家庭金融调查数据（China Household Fiance Survey，CHFS），该数据于 2018 年在 CHFS 官网上对外公布。CHFS 采用问卷调查的方式，通过三阶段分层抽样的方法提高了样本的有效性，覆盖我国 29 个省份的 28 141 个家庭样本。剔除无效和缺失的样本并结合本书的研究对象和目的，共获得 14 559 个家庭样本。本书所获得的数据不仅涵盖了城乡居民的人口特征情况，而且详细地记录了家庭金融资产的投资行为信息，为深入研究提供了有力的数据支撑。

基于中国家庭金融调查数据（CHFS），本书通过构建计量经济学模型实证研究人力资本对家庭金融资产投资行为的影响。相关研究变量选取如下：

（1）被解释变量。被解释变量包括储蓄资产、债券资产、基金资产、股票资产、理财产品、非人民币资产的参与情况和持有比重。储蓄资产包括活期储蓄和定期储蓄，债券资产包括国债和其他债券，基金资产包括各类基金，股票资产包括各类股票，金融理财产品包括银行理财产品和信托等，非人民币资产包括外币储蓄和现金等。储蓄资产、债券资产、基金资产、股票资产、理财产品和非人民币资产的参与情况是指家庭是否参与各类金融资产投资，若参与投资则赋值为 1，否则赋值为 0。各类金融资产的参与情况反映了家庭投资各类金融资产的广度。储蓄资产、债券资产、基金资产、股票资产、理财产品和非人民币资产的持有比重是指各类金融资产总额占家庭金融资产总额的比重，各类金融资产的持有比重反映了家庭投资各类金融资产的深度。

（2）解释变量。解释变量为人力资本。明瑟（Mincer，1996）在人力资本收益模型最早使用受教育水平来衡量人力资本状况。同时，由于户主处于家庭的决策和领导地位，户主受教育程度可以很好地反映家庭人力资本状况。因此，在后续研究中将户主受教育程度作为家庭人力资本的主要代理变量。本书对受教育程度变量的处理包括以下两种方法：一是将受教育程度转换为受教育年限；二是为了刻画人力资本对家庭金融资产投资行为影响的层次差异性，将受教育程度分为初等学历、中等学历和高等学历三个等级，其中，初等学历为对照组，初等学历包括未上学和受过小学教育，中等学历包括受过初中、高中、职高、中专和技校教育，高等学历包括受过大专、本科、硕士和博士研究生教育①。

（3）控制变量。综合家庭各类金融资产投资决策时的影响因素，除人力资本是主要解释变量外。依据计量经济学理论，影响家庭各类金融资

①　朱涛，卢建，朱甜，韩混. 中国中青年家庭资产选择：基于人力资本、房产和财富的实证研究 [J]. 经济问题探索，2012（12）：170－177.

李波. 中国城镇家庭金融风险资产配置对消费支出的影响——基于微观调查数据 CHFS 的实证分析 [J]. 国际金融研究，2015（1）：83－92.

张兵，吴鹏飞. 收入不确定性对家庭金融资产选择的影响——基于 CHFS 数据的经验分析 [J]. 金融与经济，2016（5）：28－33.

产投资决策时的一些其他重要因素如家庭人口基本信息、居民主观态度和家庭经济信息变量等被遗漏，容易造成样本估计误差。因此，根据已有文献，本书在实证研究人力资本对家庭金融资产投资的影响时，选取的控制变量包括：户主父母的受教育状况、户主年龄、主观生活幸福感、婚姻状况、风险偏好、政治面貌、健康状况、家庭可支配收入和家庭成员总数等①。

3.2

家庭金融资产持有统计描述

为了更加全面地了解样本数据，更加透彻地研究人力资本与家庭金融资产投资之间的关系，本书对相关的变量进行简单描述性统计，统计结果如表 3-1 所示。

表 3-1　　　　　　　　　　　主要变量的简单描述性统计

变量名	变量定义	观测	均值	标准差	最小值	最大值
Depositfasset	储蓄资产总额（万元）	14 559	3.4332	10.8066	0	300
Bondfasset	债券资产总额（万元）	14 559	0.1348	3.3658	0	200
Fundfasset	基金资产总额（万元）	14 559	0.2357	2.2991	0	100
Stockfasset	股票资产总额（万元）	14 559	0.9825	8.8720	0	400
Managefasset	理财产品总额（万元）	14 559	0.4166	5.4197	0	300
Nonrmbfasset	非人民币资产总额（万元）	14 559	0.0795	2.3974	0	191
Dfap	参与储蓄资产投资（参与 =1）	14 559	0.6651	0.4720	0	1
Bfap	参与债券资产投资（参与 =1）	14 559	0.0098	0.0986	0	1
Ffap	参与基金资产投资（参与 =1）	14 559	0.0416	0.1997	0	1

---

① 胡振，何婧，臧日宏. 健康对城市家庭金融资产配置的影响——中国的微观证据 [J]. 东北大学学报（社会科学版），2015，17（2）：148-154.

魏昭，蒋佳伶，杨阳，宋晓巍. 社会网络、金融市场参与和家庭资产选择——基于 CHFS 数据的实证研究 [J]. 财经科学，2018（2）：28-42.

续表

变量名	变量定义	观测	均值	标准差	最小值	最大值
Sfap	参与股票资产投资（参与=1）	14 559	0.0885	0.2841	0	1
Mfap	参与理财产品投资（参与=1）	14 559	0.0244	0.1542	0	1
Nfap	参与非人民币投资（参与=1）	14 559	0.0109	0.1036	0	1
Dfarate	储蓄资产持有比重	14 559	0.4115	0.4157	0	1
Bfarate	债券资产持有比重	14 559	0.0031	0.0421	0	1
Ffarate	基金资产持有比重	14 559	0.0127	0.0826	0	1
Sfarate	股票资产持有比重	14 559	0.0364	0.1509	0	1
Dfarate	理财产品持有比重	14 559	0.0103	0.0774	0	0.9988
Nfarate	非人民币持有比重	14 559	0.0017	0.0270	0	1
Financeasset	家庭金融资产总额（万元）	14 559	6.4560	22.6565	0	634
Education	户主受教育年限（年）	14 559	9.5242	4.2834	0	22
Education_c	初等学历（是=1）	14 559	0.2982	0.4575	0	1
Education_z	中等学历（是=1）	14 559	0.5166	0.4997	0	1
Education_g	高等学历（是=1）	14 559	0.1852	0.3885	0	1
Meducation	母亲受教育年限（年）	14 559	3.1699	4.2587	0	16
Feducation	父亲受教育年限（年）	14 559	5.0767	4.6805	0	16
Age	户主年龄	14 559	53.8049	14.5783	18	114
Communist	是否为党员（是=1）	14 559	0.1921	0.3940	0	1
Marriage	是否已婚（是=1）	14 559	0.8286	0.3769	0	1
Prefer	风险偏好（无风险=1，低风险=2，较低风险=3，较高风险=4，高风险=5）	14 559	1.9420	1.2126	1	5
Happiness	主观幸福感（很不幸福=1，不太幸福=2，一般=3，比较幸福=4，非常幸福=5）	14 559	3.6270	0.8537	1	5
Healthy	健康状况（非常不好=1，不好=2，一般=3，好=4，非常好=5）	14 559	2.6546	1.1875	1	5
Income	家庭可支配收入（万元）	14 559	6.8485	13.8324	0	300
Number	家庭成员总数（个）	14 559	3.0990	1.5415	1	19

3.2.1 家庭金融资产的持有状况

通过对家庭储蓄资产、债券资产、基金资产、股票资产、理财产品和非人民币资产平均总额和标准差的计算，可以看出家庭各类金融资产投资分布非常分散。家庭各类金融资产投资总额自然对数的核密度图（见图3－1～图3－6）显示出家庭各类金融资产投资的分布情况。由于被调查者受到自身受教育水平、父母受教育状况、户主年龄、主观生活幸福感、婚姻状况、风险偏好、政治面貌、健康状况、家庭可支配收入和家庭成员总数等因素的影响，家庭各类金融资产投资的核密度图不是单调的直线而是呈现出复杂的曲线。家庭各类金融资产投资分布存在较大的差异性。

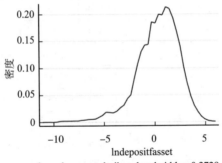

kernel = epanechnikov, bandwidth = 0.2729

图3－1 储蓄资产自然对数的核密度

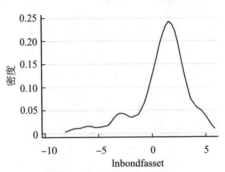

kernel = epanechnikov, bandwidth = 0.5652

图3－2 债券资产自然对数的核密度

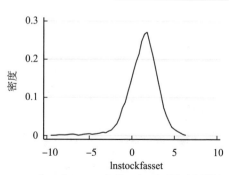

kernel = epanechnikov, bandwidth = 0.3314

图 3 - 3　基金资产自然对数的核密度

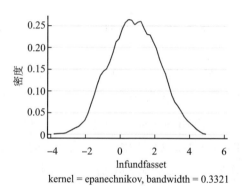

kernel = epanechnikov, bandwidth = 0.3321

图 3 - 4　股票资产自然对数的核密度

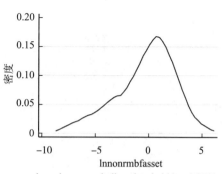

kernel = epanechnikov, bandwidth = 0.8741

图 3 - 5　理财产品自然对数的核密度

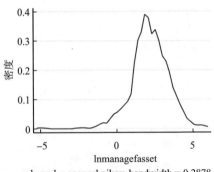

kernel = epanechnikov, bandwidth = 0.2878

图 3 - 6　非人民币自然对数的核密度

3.2.2　家庭风险偏好的分布特征

从风险偏好的分布图可以看出，大部分家庭的风险偏好集中于低风险类型（见图 3 - 7），其中风险偏好占比为 10.95%，而风险厌恶占比高达 69.27%，可以得出绝大部分是风险厌恶者即风险规避者，只有 1/10 的人是风险偏好者。与之类似的是，户主的学历分布也基本相同，呈现较高的相关性，接下来，本书尝试使用风险偏好作为人力资本影响家庭金融资产投资的中介变量。

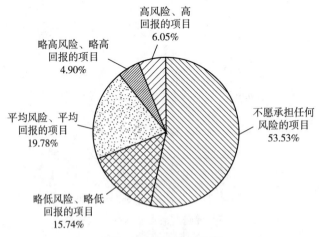

图 3 - 7　风险偏好分布

3.2.3 人力资本与家庭金融资产投资的分布特征

从中国家庭金融调查全样本数据来看（见图 3 – 8 ~ 图 3 – 11），家庭金融资产投资者的学历层次分布大致为 3 : 5 : 2，其中：初等学历占 29.82%，中等学历占 51.66%，而高等学历占 18.52%。初等学历平均家庭金融资产投资额为 17 774.71 元，中等学历较初等学历显著提高为

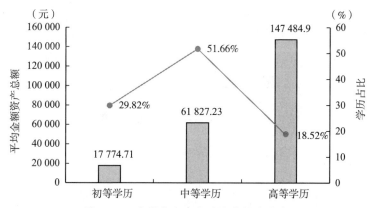

图 3 – 8　全样本家庭金融资产投资分布

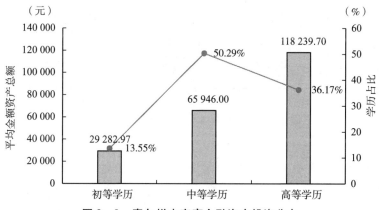

图 3 – 9　青年样本家庭金融资产投资分布

61 827.23 元，高等学历人群大幅度提高为 147 484.90 元。高等学历的平均家庭金融资产投资额要比中等学历高出 85 657.67 元，比初等学历高 129 710.19 元，其差异较明显。

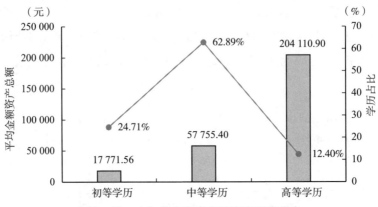

图 3-10　中年样本家庭金融资产投资分布

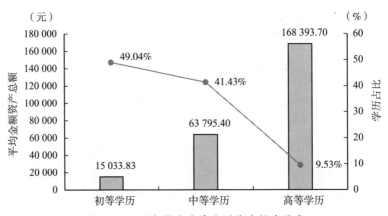

图 3-11　老年样本家庭金融资产投资分布

从青年样本来看，家庭金融资产投资者的学历层次分布大致为 1:5:4，初等学历平均家庭金融资产投资额为 29 282.97 元，中等学历较初等学历显著提高为 65 946.00 元，高等学历人群大幅度提高为 118 239.70 元。从中年样本来看，家庭金融资产投资者的学历层次分布大致为 3：6：1，初等学历平均家庭金融资产投资额为 17 771.56 元，中等学历较初等学历显著提高为 57 755.40 元，高等学历人群大幅度提高为 204 110.90 元。从老年样本来看，家庭金融资产投资者的学历层次分布大致为 5：4：1，初等学历平均家庭金融资产投资额为 15 033.83 元，中等学历较初等学历显著提高为 63 795.40 元，高等学历人群大幅度提高为 168 393.70 元。

因此，从调查数据中可以看出，学历越高，家庭金融资产投资额越高。通常，学历越高的投资者倾向于较好的工作和较稳定的收入，同时也具备良好的金融知识和投资理财意识，因此，学历越高，投资家庭金融资产的意愿越强烈。

3.3
人力资本与金融资产投资决策

3.3.1 Logit 模型设定

本书研究的家庭各类金融资产投资的参与情况是离散型被解释变量，可以使用 Logit 模型研究人力资本对家庭各类金融资产投资情况的影响。

假设 $y^* = x'\beta + \varepsilon$，为了使 y 的预测值在 ［0，1］ 之间，在既定 x 的情况下，因而 y 的概率分布如下：

$$\begin{cases} P(y=1 \mid x) = F(x, \beta) \\ P(y=0 \mid x) = 1 - F(x, \beta) \end{cases} \qquad (3-1)$$

$$P(y=1 \mid x) = F(x, \beta) = \Lambda(x'\beta) = \frac{\exp(x'\beta)}{1 + \exp(x'\beta)} \qquad (3-2)$$

其中，函数 $F(x, \beta)$ 是连接函数，函数 $F(x, \beta)$ 为"逻辑分布"（logistics distribution）的累积分布函数，则式（3-2）即为"Logit"模型，记 $p \equiv P(y=1 \mid x)$，则 $1 - p \equiv P(y=0 \mid x)$。

由于 $p = \dfrac{\exp(x'\beta)}{1 + \exp(x'\beta)}$, $1 - p = \dfrac{1}{1 + \exp(x'\beta)}$, 故:

$$\frac{p}{1-p} = \exp(x'\beta), \quad \ln\left(\frac{p}{1-p}\right) = x'\beta \qquad (3-3)$$

$$Prob(Financeasset_i = 1) = \beta_0 + \beta_1 Education_i + \beta_2 X_i + \varepsilon_i \qquad (3-4)$$

式 (3-3) 中, "$p/(1-p)$" 被定义为 "几率比" (odds ratio), 在某一个计量经济模型中, 在其他变量既定的情况下, β 表示解释变量每增加一个单位引起几率比的自然对数的边际变化。据此, 如式 (3-4) 所示, 设定人力资本与家庭各类金融资产参与情况的 Logit 模型, 其中, $Financeasset_i$ 等于 1 表示家庭参与各类金融资产投资, 等于 0 表示没有参与投资; $Education_i$ 表示户主受教育年限; X_i 表示户主父母的受教育年限、家庭可支配收入、户主年龄、政治面貌、婚姻状况、风险偏好、幸福感、健康状况和家庭成员总数等控制变量; ε_i 为随机误差项, 且 $\varepsilon_i \sim N(0, \sigma^2)$。

3.3.2 Logit 模型估计结果

本书利用 Logit 模型估计人力资本对各类家庭金融资产参与情况的影响, 将户主受教育程度作为人力资本的主要代理变量, 估计结果如表 3-2 所示。表 3-2 中由第 (1) 至第 (6) 列依次估计了人力资本对家庭参与储蓄资产、债券资产、基金资产、股票资产、理财产品和非人民币资产投资影响的几率比。LR chi^2 为 Logit 模型的似然比检验统计量, Logit 模型的 LR chi^2 值均显示出, 在 1% 的水平上显著。Pseudo R^2 为 (非线性) 二值模型的拟合优度, Logit 模型估计结果显示, 方程联合显著性较高。

表 3-2　　　　　人力资本对金融资产投资参与情况影响的几率比

变量	(1)	(2)	(3)	(4)	(5)	(6)
	储蓄资产	债券资产	基金资产	股票资产	理财产品	非人民币
Education	1.1379 *** (0.0070)	1.1367 *** (0.0340)	1.2469 *** (0.0204)	1.2503 *** (0.0151)	1.1945 *** (0.0247)	1.2387 *** (0.0379)

续表

变量	（1）储蓄资产	（2）债券资产	（3）基金资产	（4）股票资产	（5）理财产品	（6）非人民币
Meducation	1.0108 (0.0069)	1.0795 ** (0.0263)	1.0418 ** (0.0131)	1.0553 *** (0.0100)	1.0621 *** (0.0172)	1.0502 * (0.0247)
Feducation	1.0287 *** (0.0057)	1.0352 (0.0244)	1.0205 (0.0124)	1.0160 (0.0092)	1.0352 * (0.0163)	1.0587 * (0.0247)
Age	0.9722 ** (0.0093)	1.2927 *** (0.0660)	1.2037 *** (0.0286)	1.2342 *** (0.0219)	1.1558 *** (0.0337)	1.0931 * (0.0429)
Age^2	1.0003 *** (0.0001)	0.9981 *** (0.0004)	0.9985 *** (0.0002)	0.9982 *** (0.0002)	0.9989 *** (0.0003)	0.9994 (0.0004)
Communist	1.2673 *** (0.0736)	1.9556 *** (0.3720)	1.2679 * (0.1265)	0.8830 (0.0695)	1.0368 (0.1355)	0.5507 ** (0.1158)
Marriage	1.2170 *** (0.0685)	1.1132 (0.3121)	1.2545 (0.1861)	1.4949 *** (0.1630)	1.5758 * (0.3101)	0.9189 (0.2317)
Prefer	1.0396 * (0.0181)	1.1213 (0.0831)	1.2124 *** (0.0434)	1.4934 *** (0.0383)	1.1865 *** (0.0513)	1.2047 ** (0.0829)
Happiness	1.1053 *** (0.0258)	1.2522 * (0.0819)	1.0668 (0.0597)	0.9206 * (0.0375)	1.0265 (0.0559)	1.0160 (0.1068)
Healthy	1.0820 *** (0.0191)	1.0356 (0.1416)	1.0358 (0.0421)	0.9805 (0.0298)	0.9604 (0.0747)	1.0384 (0.0796)
Income	1.0919 *** (0.0057)	1.0336 *** (0.0075)	1.0262 *** (0.0045)	1.0438 *** (0.0041)	1.0606 *** (0.0068)	1.0350 *** (0.0059)
$Income^2$	0.9997 *** (1.86e−05)	0.9999 ** (3.51e−05)	0.9999 *** (2.36e−05)	0.9998 *** (2.55e−05)	0.9997 *** (5.11e−05)	0.9999 *** (2.45e−05)
Number	0.8946 *** (0.0121)	0.8532 (0.0696)	0.9081 * (0.0382)	0.8150 *** (0.0268)	0.8164 *** (0.0483)	0.9464 (0.0770)
Constant	0.3524 *** (0.1018)	1.09e−07 *** (1.76e−07)	5.47e−06 *** (3.91e−06)	8.63e−06 *** (4.55e−06)	1.14e−05 *** (1.01e−05)	1.33e−05 *** (1.6e−05)
LR chi^2	2 535.59 ***	227.70 ***	806.78 ***	1 936.64 ***	604.99 ***	286.90 ***
Pseudo R^2	0.1366	0.1417	0.1601	0.2223	0.1812	0.1645
Observations	14 559	14 559	14 559	14 559	14 559	14 559

注：括号内是估计系数的标准误，*** 、** 和 * 分别表示1%、5%和10%的显著性水平。

同时，本书还得出以下结果：户主受教育年限对家庭参与储蓄资产、债券资产、基金资产、股票资产、理财产品和非人民币资产投资的几率比均在1%的水平上显著。人力资本和家庭参与各类金融资产投资有显著的正向关系，人力资本水平的提高会显著提高家庭参与各类金融资产投资的可能性。人力资本对家庭参与各类金融资产投资的影响由大到小分别是股票资产、基金资产、非人民币资产、理财产品、储蓄资产和债券资产；人力资本对家庭参与股票资产投资的影响最大，户主受教育年限每提高一年，参与股票资产投资的几率比会增加25.03%；人力资本对家庭参与债券资产的影响最小，户主受教育年限每提高一年，参与债券资产投资的几率比仅会增加13.67%。

户主母亲受教育年限对家庭参与储蓄资产、债券资产、基金资产、股票资产、理财产品和非人民币资产投资的几率比，除了储蓄资产以外其余资产均通过了显著性水平的检验。户主父亲受教育年限对家庭参与储蓄资产、债券资产、基金资产、股票资产、理财产品和非人民币资产投资的几率比也已给出，储蓄资产、理财产品和非人民币资产均通过了显著性水平的检验。因此，户主父母人力资本水平的提高会增加家庭参与各类金融资产投资的可能性，但是户主父母人力资本对家庭参与各类金融资产投资的影响远远小于户主人力资本对家庭参与各类金融资产投资的影响。

户主年龄及其平方项对参与各类家庭金融资产投资的几率比均通过了显著性水平的检验。其中，户主年龄对家庭参与储蓄资产投资的几率比是先下降再上升的，表现为"U"型；户主年龄对家庭参与债券资产、基金资产、股票资产、理财产品和非人民币资产投资的几率比是先上升再下降的，表现为倒"U"型。户主为党员的家庭参与各类金融资产投资的几率比以及储蓄资产、债券资产、基金资产和非人民币资产均通过了显著性水平的检验，说明户主为党员的家庭相对于非党员的家庭参与储蓄资产、债券资产和基金资产投资的可能性较大，参与非人民币资产投资的可能性较小。户主为已婚的家庭参与储蓄资产、股票资产和理财产品等投资均通过了显著性水平的检验，说明户主为已婚的家庭参与储蓄资产、股票资产和理财产品投资的可能性较大。

户主的风险偏好对家庭参与各类金融资产投资的几率比除了债券资产以外其余资产均通过了显著性水平的检验，说明户主越偏好风险的家庭越会参与各类金融资产投资。户主主观幸福感对家庭参与各类金融资产投资的回归结果表明，户主幸福感的提高能够增加家庭参与储蓄资产和债券资产投资的可能性，但减少了家庭参与股票资产投资的可能性。户主的身体健康状况对家庭参与各类金融资产投资的回归结果表明，户主的身体状况越好的家庭越会参与储蓄资产投资。

家庭可支配收入及其平方项对家庭参与各类金融资产投资的几率比均在 1% 水平上显著。家庭收入对家庭参与各类金融资产投资的几率比是先上升再下降的，表现为倒"U"型。家庭成员总数对家庭参与各类金融资产投资的几率比，除了债券资产和非人民币资产以外其余资产均通过了显著性水平的检验，说明成员越多的家庭对除了债券资产和非人民币资产以外的金融资产投资持有均有显著的负影响。

3.3.3　稳健性检验

为了检验以上实证结果的稳健性，本书采取了改变样本的方式，将家庭可支配收入最高和最低的 5% 样本剔除掉再进行回归，观察实证结果是否稳健。稳健性检验结果如表 3－3 所示，从中可以看出，人力资本对家庭各类金融资产参与情况回归结果的方向、系数大小和显著性水平均未发生明显的改变，说明了实证结果的稳健性。

表 3－3　　　人力资本与家庭金融资产投资参与的稳健性检验

变量	(1)	(2)	(3)	(4)	(5)	(6)
	储蓄资产	债券资产	基金资产	股票资产	理财产品	非人民币
Education	1.1214*** (0.0074)	1.1077** (0.0398)	1.1965*** (0.0224)	1.2079*** (0.1663)	1.1283*** (0.0283)	1.2362*** (0.0477)

变量	(1) 储蓄资产	(2) 债券资产	(3) 基金资产	(4) 股票资产	(5) 理财产品	(6) 非人民币
Meducation	1.0075 (0.0073)	1.0796** (0.0301)	1.0276* (0.0141)	1.0543*** (0.0109)	1.0530** (0.0194)	1.0418 (0.0282)
Feducation	1.0257*** (0.0060)	1.0192 (0.0273)	1.0216 (0.0135)	1.0094 (0.0100)	1.0384* (0.0188)	1.0764** (0.0288)
其他控制变量	YES	YES	YES	YES	YES	YES
Constant	0.4011*** (0.1252)	7.68e−07*** (1.31e−06)	4.92e−06*** (3.89e−06)	4.79e−06*** (2.83e−06)	6.21e−06*** (6.48e−06)	1.29e−05*** (1.84e−05)
LR chi^2	2 312.57***	166.16***	668.00***	1 628.86***	475.60***	150.18***
Pseudo R^2	0.1384	0.1288	0.1578	0.2226	0.1863	0.1191
Observations	13 103	13 103	13 103	13 103	13 103	13 103

注：①括号内是估计系数的标准误，***、**和*分别表示1%、5%和10%的显著性水平；②其他控制变量包括：户主的年龄、风险偏好、政治面貌、幸福感、婚姻状况、身体健康状况、家庭收入和家庭成员总数等；限于篇幅，其他控制变量实证结果未列出。

3.4

人力资本与金融资产投资结构

3.4.1 Tobit 模型设定

由于家庭各类金融资产投资持有比重这一被解释变量是截断的，进而选择使用 Tobit 模型进行研究。假设 $y^* = x'\beta + \varepsilon$，扰动项 $\varepsilon_i \sim N(0, \sigma^2)$，假定截断点为 $c = 0$，则 y 的值如式（3−5）所示，进而计算整体样本的条件期望 $E(y|x)$ 如式（3−6）所示，最后通过使用 *MLE* 方法估计得出该模型的混合分布概率密度函数如式（3−7）所示：

$$y^* = \begin{cases} y^*, & y^* > 0 \\ 0, & y^* \leqslant 0 \end{cases} \qquad (3-5)$$

$$
\begin{aligned}
E(y \mid x) &= 0 \cdot P(y = 0 \mid x) + E(y \mid x; \ y > 0) \cdot P(y > 0 \mid x) \\
&= E(y \mid x; \ y > 0) \cdot P(y > 0 \mid x) \qquad (3-6)
\end{aligned}
$$

$$
\begin{cases}
\begin{aligned}
P(y > 0 \mid x) &= P(y^* > 0 \mid x) = P(y^* = x'\beta + \varepsilon > 0 \mid x) \\
&= P(\varepsilon > -x'\beta \mid x) = P\left(\frac{\varepsilon}{\sigma} > -\frac{x'\beta}{\sigma} \mid x\right) \\
&= 1 - \Phi\left(-\frac{x'\beta}{\sigma}\right) = \Phi\left(\frac{x'\beta}{\sigma}\right)
\end{aligned} \\
P(y = 0 \mid x) = 1 - P(y > 0 \mid x) = 1 - \Phi\left(-\frac{x'\beta}{\sigma}\right)
\end{cases} \qquad (3-7)
$$

$$
\begin{cases}
Financeasset_i^* = \beta_0 + \beta_1 Education_i + \beta_2 X_i + \varepsilon_i \\
Financeasset_i = \max(0, \ Financeasset_i^*)
\end{cases} \qquad (3-8)
$$

通常上述式（3-5）、式（3-6）、式（3-7）的步骤估计被解释变量为截断的模型，这类方法构建的模型为 Tobit 模型。接着，本书将使用 Tobit 模型研究人力资本对家庭各类金融资产投资持有比重的影响。如式（3-8）所示，设定人力资本与家庭各类金融资产投资持有比重的 Tobit 模型，$Financeasset_i$ 表示投资各类金融资产占总家庭金融资产的比重；$Financeasset_i^*$ 表示投资各类金融资产占总家庭金融资产的比重在（0，1）范围内的观测值；$Education_i$、X_i、ε_i 的含义与前同，不再赘述。

3.4.2　Tobit 模型回归结果

人力资本对家庭各类金融资产投资持有比重影响的 Tobit 模型估计结果如表 3-4 所示。表 3-4 中由第（1）至第（6）列依次估计了人力资本对储蓄资产、债券资产、基金资产、股票资产、理财产品和非人民币资产投资持有比重的影响。Sigma 是 Tobit 回归模型的标准差，6 个 Tobit 模型的 sigma 值以及 LR chi^2 值均在 1% 的水平上显著；Tobit 模型的拟合优度也较好。

表3-4　人力资本对家庭各类金融资产投资持有比重影响的边际效应

变量	(1) 储蓄资产	(2) 债券资产	(3) 基金资产	(4) 股票资产	(5) 理财产品	(6) 非人民币
Education	0.0315*** (0.0018)	0.0500*** (0.0113)	0.0711*** (0.0057)	0.0854*** (0.0052)	0.0725*** (0.0093)	0.0370*** (0.0061)
Meducation	0.0002 (0.0018)	0.0273*** (0.0093)	0.0124*** (0.0041)	0.0215*** (0.0039)	0.0257*** (0.0071)	0.0079* (0.0044)
Feducation	0.0082*** (0.0016)	0.0103 (0.0085)	0.0064* (0.0039)	0.0068* (0.0037)	0.0175*** (0.0067)	0.0120*** (0.0043)
Age	-0.0074*** (0.0026)	0.0815*** (0.0184)	0.0571*** (0.0078)	0.0862*** (0.0074)	0.0539*** (0.0123)	0.0128* (0.0071)
Age^2	0.0001*** (0.0000)	-0.0006*** (0.0002)	-0.0005*** (0.0001)	-0.0007*** (0.0001)	-0.0004*** (0.0001)	-0.0001 (0.0001)
Communist	0.0621*** (0.0151)	0.2150*** (0.0706)	0.0864*** (0.0331)	-0.0543* (0.0328)	0.0198 (0.0571)	-0.0968** (0.0391)
Marriage	0.0882*** (0.0169)	0.0531 (0.0981)	0.0488 (0.0458)	0.1532*** (0.0436)	0.2169*** (0.0825)	-0.0221 (0.0460)
Prefer	-0.0150*** (0.0050)	0.0441 (0.0268)	0.0505*** (0.0120)	0.1615*** (0.0111)	0.0738*** (0.0210)	0.0311** (0.0130)
Happiness	0.0504*** (0.0070)	0.0798** (0.0404)	0.0244 (0.0181)	-0.0426** (0.0166)	0.0195 (0.0312)	0.0027 (0.0191)

续表

变量	(1) 储蓄资产	(2) 债券资产	(3) 基金资产	(4) 股票资产	(5) 理财产品	(6) 非人民币
$Healthy$	0.0295*** (0.0052)	0.0041 (0.0285)	0.0106 (0.0130)	0.0049 (0.0124)	-0.0061 (0.0227)	0.0097 (0.0142)
$Income$	0.0078*** (0.0008)	0.0121*** (0.0030)	0.0088*** (0.0015)	0.0145*** (0.0015)	0.0239*** (0.0026)	0.0071*** (0.0013)
$Income^2$	-3.23e-05*** (3.74e-06)	-3.69e-05*** (1.32e-05)	-3.17e-05*** (7.37e-06)	-0.0001*** (7.68e-06)	-0.0001*** (1.41e-05)	-1.97e-05*** (5.41e-06)
$Number$	-0.0245*** (0.0042)	-0.0603** (0.0285)	-0.0286** (0.0127)	-0.0737*** (0.0127)	-0.0915*** (0.0248)	-0.0040 (0.0134)
$Constant$	-0.2422*** (0.0795)	-5.8832*** (0.7161)	-3.9647*** (0.2666)	-4.8629*** (0.2411)	-5.0184*** (0.4404)	-2.1654*** (0.2640)
$sigma$	0.6260*** (0.0054)	0.8901*** (0.0690)	0.6889*** (0.0247)	0.8001*** (0.0202)	0.9585*** (0.0466)	0.4522*** (0.0318)
LR chi^2	1 483.21***	218.53***	777.29***	1 692.99***	589.00***	277.52***
Pseudo R^2	0.0547	0.1423	0.1614	0.1980	0.1764	0.1863
Observations	14 559	14 559	14 559	14 559	14 559	14 559

注：①括号内是估计系数的标准误；②***、**和*分别表示 1%、5% 和 10% 的显著性水平。

户主受教育年限对家庭储蓄资产、债券资产、基金资产、股票资产、理财产品和非人民币资产投资持有比重的边际效应均通过了显著性水平的检验。人力资本和家庭各类金融资产投资持有比重有显著的正向关系，人力资本水平的提高会显著提高家庭各类金融资产的投资持有比重。人力资本对家庭各类金融资产投资持有比重的影响由大到小分别是股票资产、理财产品、基金资产、债券资产、非人民币资产和储蓄资产；人力资本对家庭投资股票资产投资持有比重的影响最大，户主受教育年限每提高一年，股票资产的投资持有比重会增加 8.54%；人力资本对家庭投资储蓄资产投资持有比重的影响最小，户主受教育年限每提高一年，储蓄资产的投资持有比重仅会增加 3.15%。

户主母亲的受教育年限对家庭储蓄资产、债券资产、基金资产、股票资产、理财产品和非人民币资产投资持有比重的边际效应除了储蓄资产以外其余资产均通过了显著性水平的检验。户主父亲的受教育年限对家庭储蓄资产、债券资产、基金资产、股票资产、理财产品和非人民币资产投资持有比重的边际效应除了债券资产以外其余资产均通过了显著性水平的检验。估计结果表明，户主父母人力资本水平的提高会增加家庭各类金融资产投资持有比重，但其影响远远小于户主本人的人力资本对家庭金融资产投资持有比重的影响。

户主年龄及其平方项对家庭各类金融资产投资持有比重的边际效应均通过了显著性水平的检验。户主年龄对家庭储蓄资产投资持有比重的影响先下降再上升，表现为"U"型，对家庭债券资产、基金资产、股票资产、理财产品和非人民币资产投资持有比重的影响是先上升再下降的，表现为倒"U"型。户主为党员的家庭对储蓄资产、债券资产和基金资产投资持有比重有显著的正影响，对股票资产和非人民币资产投资持有比重有显著的负影响。户主为已婚的家庭对储蓄资产、股票资产和理财产品的投资持有比重有显著的正影响。

户主的风险偏好对家庭储蓄资产的投资持有比重有显著的负影响，对基金资产、股票资产、理财产品和非人民币资产的投资持有比重有显著的正影响。户主主观幸福感对家庭储蓄资产和债券资产投资持有比重有显著的正影响，对股票资产投资持有比重有显著的负影响。户主的身体健康状况对家庭储蓄资产投资持有比重有显著的正影响。

家庭可支配收入及其平方项对家庭各类金融资产投资持有比重的边际效应均在 1% 水平上显著。家庭可支配收入对家庭各类金融资产投资持有比重的影响是先上升再下降的，表现为倒 "U" 型。表明，家庭收入达到一定程度之后，对金融资产投资的愿望会下降。家庭成员总数对家庭各类金融资产投资持有比重的边际效应除了非人民币资产以外其余资产均通过了显著性水平的检验，家庭成员越多的家庭对除了非人民币资产以外的金融资产投资持有比重均有显著的负影响。

3.4.3　稳健性检验

为了检验人力资本对家庭金融资产投资持有比重回归结果的稳健性，将家庭可支配收入最高和最低的 5% 的样本剔除掉，稳健性检验结果如表 3 - 5 所示，可以发现回归结果的方向、系数大小和显著性水平均未发生明显的差异。进一步将家庭可支配收入最高和最低的 1% 的样本剔除掉进行实证回归，得到的实证结果与剔除最高的和最低的 5% 样本的实证结果的方向、系数大小和显著性水平同样没有大的变化。因此，本书得到的实证结果具有稳健性。

表 3 - 5　　人力资本对家庭各类金融资产投资持有比重边际效应的稳健性检验

变量	(1)	(2)	(3)	(4)	(5)	(6)
	储蓄资产	债券资产	基金资产	股票资产	理财产品	非人民币
Education	0.0240 *** (0.0019)	0.0445 *** (0.0140)	0.0616 *** (0.0066)	0.0771 *** (0.0060)	0.0506 *** (0.0113)	0.0374 *** (0.0075)
Meducation	− 0.0009 (0.0019)	0.0283 ** (0.0112)	0.0093 ** (0.0047)	0.0212 *** (0.0044)	0.0255 *** (0.0085)	0.0068 (0.0051)

变量	(1) 储蓄资产	(2) 债券资产	(3) 基金资产	(4) 股票资产	(5) 理财产品	(6) 非人民币
Feducation	0.0070 *** (0.0017)	0.0057 (0.0103)	0.0065 (0.0044)	0.0043 (0.0042)	0.0180 ** (0.0081)	0.0151 *** (0.0050)
其他控制变量	YES	YES	YES	YES	YES	YES
Constant	− 0.2308 *** (0.0854)	− 5.7017 *** (0.8177)	− 4.1312 *** (0.3088)	− 5.1819 *** (0.2794)	− 5.3379 *** (0.5463)	− 2.2381 *** (0.3197)
sigma	0.6258 *** (0.0057)	0.9657 *** (0.0851)	0.7180 *** (0.0286)	0.8249 *** (0.0230)	1.0163 *** (0.0579)	0.4698 *** (0.0402)
LR chi^2	1 535.74 ***	160.73 ***	646.36 ***	1 443.20 ***	468.72 ***	144.56 ***
Pseudo R^2	0.0627	0.1289	0.1589	0.1995	0.1818	0.1343
Observations	13 103	13 103	13 103	13 103	13 103	13 103

注：①括号内是估计系数的标准误，*** 、** 分别表示1%、5%的显著性水平；②其他控制变量包括：户主的年龄、风险偏好、政治面貌、幸福感、婚姻状况、身体健康状况、家庭收入和家庭成员总数等；限于篇幅，其他控制变量实证结果未列出。

3.5

本章小结

本书基于中国家庭金融调查数据（CHFS），全面研究了人力资本对家庭金融资产投资选择行为的影响。基于 Logit 和 Tobit 模型，实证研究了人力资本对家庭金融资产投资参与情况和持有比重的影响。简要总结如下：

（1）人力资本对家庭金融资产投资参与情况存在影响且差异较大。人力资本对股票资产参与情况的影响最大，对债券资产参与情况的影响最小，户主受教育年限每提高一年，参与股票资产投资的几率比会增加25.03%，参与债券资产投资的几率比仅会增加13.67%。

（2）人力资本对家庭金融资产投资持有比重存在影响且差异较大。人力资本水平的提高会显著提高家庭各类金融资产的投资持有比重。人力资本对家庭各类金融资产投资持有比重的影响由大到小分别是股票资产、理财产品、基金资产、债券资产、非人民币资产和储蓄资产。人力资本对股票资产持有比重的影响最大，对储蓄资产持有比重的影响最小，户主受教育年限每提高一年，股票资产的投资持有比重会增加 8.54%，储蓄资产的投资持有比重仅会增加 3.15%。

（3）户主父母受教育水平、户主的年龄、婚姻状况、风险偏好、主观幸福感、家庭可支配收入和家庭规模等对家庭各类金融资产投资存在影响且差异较大。其中，户主年龄对家庭参与储蓄资产投资的几率比先下降再上升，呈现"U"型，说明年纪越大的人越倾向于储蓄存款；而户主年龄对家庭参与债券资产、基金资产、股票资产、理财产品和非人民币资产投资的几率比先上升再下降，呈现倒"U"型；家庭收入对家庭参与各类金融资产投资的几率比先上升再下降，呈现倒"U"型。户主父母受教育水平对家庭各类金融资产投资的影响远远小于户主受教育水平对家庭金融资产投资的影响。

第 *4* 章

人力资本为何会影响家庭金融投资

4.1

基准回归模型估计

第 3 章运用 Logit 和 Tobit 模型全面考察了人力资本对家庭各类金融资产投资行为的影响，但是未详尽地解释人力资本对家庭金融资产投资影响的作用机理。接下来，本章进一步讨论这一作用机理问题。构建计量回归模型，如下所示：

$$\ln(Financeasset_i) = \varphi_1 + \varphi_2 Education_i + \varphi_2 X_i + \varepsilon_i \qquad (4-1)$$

其中，$\ln(Financeasset_i)$ 为家庭金融资产投资总额的自然对数；$Education_i$ 表示户主的受教育年限；X_i 表示户主的父母受教育水平、家庭收入、政治面貌、婚姻状况、幸福感、家庭成员总数等控制变量；ε_i 表示随机误差项，且 $\varepsilon_i \sim N(0, \sigma^2)$。

为了克服回归模型可能出现多重共线性问题，表 4-1 中的三个模型估计结果均是根据式（4-1）中不同的控制变量和解释变量进行组合逐步回归获得的。通过模型Ⅲ的估计结果，可以发现户主受教育水平对家庭金融资产的边际效应为 0.1558，且在 1% 的水平下显著。户主受教育年限每提高一年，家庭金融资产投资总额会增加 15.58%，验证了上文人力资本与家庭金融资产投资之间的正向关系。

表 4 - 1　　　　人力资本与家庭金融资产投资关系的回归模型参数估计结果

变量	模型 I	模型 II	模型 III
Education	0.2426 *** (0.0041)	0.1746 *** (0.0047)	0.1558 *** (0.0051)
Meducation		0.0252 *** (0.0053)	0.0370 *** (0.0055)
Feducation		0.0409 *** (0.0048)	0.0452 *** (0.0047)
Prefer		0.0964 *** (0.0146)	0.1160 *** (0.0149)
Happiness		0.3310 *** (0.0198)	0.2268 *** (0.0203)
Income		0.0330 *** (0.0013)	0.0313 *** (0.0012)
其他控制变量	NO	NO	YES
Constant	- 2.6859 *** (0.0429)	- 3.9388 *** (0.0833)	- 5.0194 *** (0.1388)
R^2	0.1934	0.2628	0.2858
Observations	14 559	14 559	14 559

注：①括号内是估计系数的标准误，*** 表示 1% 的显著性水平；②其他控制变量包括：户主的年龄、婚姻状况、身体健康状况、政治面貌和家庭成员总数等；③限于篇幅，其他控制变量实证结果未列出。

4.2

风险偏好的中介作用模型构建

前文实证研究了人力资本与家庭金融资产投资行为之间的关系，对于人力资本为何会影响家庭金融资产投资选择行为，并未进行深入讨论。接下来，本书构建中介模型进行研究。根据现有研究文献可知，风险偏好起到了较好的传导作用，即风险偏好在人力资本与家庭金融资产投资关系中发挥了"中介作用"。中介作用是指自变量通过中介变量来影响因变量的过程（Baron and Kenny, 1986; Mackinnon et al. , 2002），如图 4 - 1 所示。本书将基于风险偏好"中介作用"的角度进行实证检验。

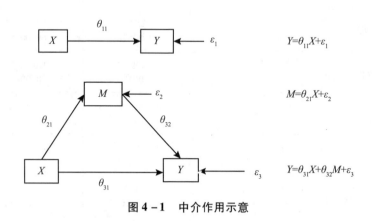

图 4 - 1　中介作用示意

首先，构建风险偏好的中介作用检验模型，如下所示：

$$\begin{cases} \ln(Financeasset_i) = \varphi_1 + \theta_{11}Education_i + \theta_{12}X_i + \varepsilon_1 & (a) \\ Prefer_i = \varphi_2 + \theta_{21}Education_i + \theta_{22}X_i + \varepsilon_2 & (b) \\ \ln(Financeasset_i) = \varphi_3 + \theta_{31}Education_i + \theta_{32}Prefer_i + \theta_{33}X_i + \varepsilon_3 & (c) \end{cases}$$

$$(4-2)$$

其中，$Prefer_i$、$\ln(Financeasset_i)$、$Education_i$、X_i、ε_i 的含义与前同，不再赘述。

若式（4 - 2）中方程（a）、（b）、（c）的回归系数同时满足以下三个条件，则能够认为存在中介作用（王智波、李长洪，2016）：

（1）若方程（a）中的回归系数 θ_{11} 与零有显著差异，则表明其对应的解释变量 $Education_i$ 与被解释变量 $\ln(Financeasset_i)$ 之间存在着线性关系。

（2）若方程（b）中的回归系数 θ_{21} 与零有显著差异，则表明其对应的解释变量 $Education_i$ 与被解释变量 $Perfer_i$ 之间存在着线性关系。

（3）若方程（c）中的回归系数 θ_{32} 与零有显著差异，且方程（c）中的回归系数 θ_{31} 分别明显小于方程（a）中的回归系数 θ_{11}，则意味着中介变量 $Perfer_i$ 有助于预测因变量。

风险偏好的中介作用检验模型如果满足上述三个条件，则说明人力资本对家庭金融资产投资行为的影响一部分是直接影响，一部分通过中介变量风险偏好间接影响。本书建立如图 4 - 2 中介效应检验程序（温忠麟、叶宝娟，2014）进一步检验。同时，假设风险偏好在人力资本和家庭金融资产投资行为关系中发挥着中介作用，建立如图 4 - 3 风险偏好的中介模型示意图。

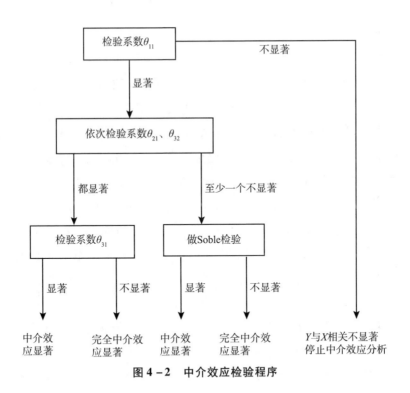

图 4 - 2　中介效应检验程序

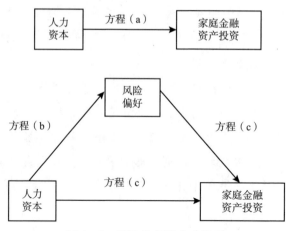

图4-3 风险偏好的中介模型

风险偏好中介作用检验模型的具体回归结果如表4-2所示。其中：方程（a）和方程（b）中人力资本变量的回归系数与零有显著差异；方程（c）中的风险偏好变量的回归系数与零有显著差异，且方程（c）的人力资本变量的回归系数显著小于方程（a）的人力资本变量的回归系数，说明风险偏好在人力资本与家庭金融资产投资的关系中发挥着中介作用。同时，进一步检验风险偏好的中介效应是否显著，本书采用索贝尔（Sobel，1982）检验方法，即检验通过风险偏好中介变量的作用下的回归系数乘积项的原假设 H_0：$\theta_{32}\theta_{21}=0$，即"不存在风险偏好的中介效应"，如果拒绝原假设，则风险偏好的中介效应显著。检验原假设的统计量值

为：$Z_{\theta_4\theta_{21}}=\dfrac{\theta_{32}\theta_{21}}{\sqrt{\theta_{32}^2 S_{\theta_{21}}^2+\theta_{21}^2 S_{\theta_{32}}^2}}=6.01$，在1%的显著性水平下均拒绝原假

设，意味着风险偏好在人力资本与家庭金融资产投资关系中的中介作用显著，其中，$S_{\theta_{21}}$、$S_{\theta_{32}}$ 分别是 θ_{21}、θ_{32} 的标准误。因此，人力资本对家庭金融资产投资的影响一部分是直接影响，另一部分是通过中介变量风险偏好间接影响，风险偏好在人力资本与家庭金融资产投资的关系中发挥着中介作用。

表 4 – 2　　　　　　　　　风险偏好中介作用的回归结果

变量	方程 （a）	方程 （b）	方程 （c）
Education	0. 1589 *** （0. 0050）	0. 0265 *** （0. 0028）	0. 1558 *** （0. 0051）
Prefer			0. 1160 *** （0. 0149）
控制变量	YES	YES	YES
Constant	– 4. 6979 *** （0. 1328）	2. 7713 *** （0. 0738）	– 5. 0194 *** （0. 1388）
R^2	0. 2828	0. 1602	0. 2858
Observations	14 559	14 559	14 559

注：括号内是估计系数的标准误，*** 分别表示1% 的显著性水平。

4. 3

中介传导作用模型估计

人力资本通过风险偏好这一中介变量对家庭金融资产投资行为有重要影响。为了分析相同的人力资本水平下，风险偏好对家庭金融资产投资行为的影响差异，在式（4 – 1）中引入了人力资本与风险偏好的交互项，构建了风险偏好中介作用的传导模型如下：

$$\ln(Financeasset_i) = \alpha_0 + \alpha_1 Education_i + \alpha_3 Education\_z_i \times Prefer_i$$
$$+ \alpha_4 Education\_g_i \times Prefer_i + \sum_{j=1}^{m} \beta_j X_i + \varepsilon_i$$

$$(4 – 3)$$

其中，$Education\_z_i \times Prefer_i$ 和 $Education\_g_i \times Prefer_i$ 分别表示受教育水平为中等、高等与风险偏好的交互项，$Education\_z_i \times Prefer_i$ 的系数表示在中等人力资本水平下风险偏好对家庭金融资产投资的影响，$Education\_g_i \times$ $Prefer_i$ 的系数表示在高人力资本水平下风险偏好对家庭金融资产投资的影响；$\ln(Financeasset_i)$ 为家庭金融资产投资总额的自然对数；$Education_i$ 表示户主的受教育年限；X_i 表示户主父母受教育水平、家庭可支配收入、幸福感、年龄、婚姻状况、政治面貌、身体健康状况和家庭成员总数等控制变量；ε_i 表示随机误差项，且 $\varepsilon_i \sim N(0, \sigma^2)$。

同样，为了克服回归模型可能出现的多重共线性问题，表 4-3 中的三个模型估计结果均是根据风险偏好传导模型不同的控制变量和解释变量进行组合逐步回归获得的。模型Ⅵ为风险偏好传导模型的估计结果，其中的人力资本与风险偏好交互项验证了相同人力资本水平下风险偏好对家庭金融资产投资行为影响的差异。表 4-3 的回归结果表明：

表 4-3　　　　　　　　　风险偏好传导模型的参数估计结果

变量	模型Ⅳ	模型Ⅴ	模型Ⅵ
Education	0.2005 *** (0.0058)	0.1604 *** (0.0058)	0.1377 *** (0.0060)
Education_z × Prefer	0.1842 *** (0.0161)	0.1442 *** (0.0156)	0.1604 *** (0.0158)
Education_g × Prefer	0.2136 *** (0.0229)	0.0946 *** (0.0227)	0.1254 *** (0.0230)
Meducation		0.0260 *** (0.0054)	0.0381 *** (0.0055)
Feducation		0.0402 *** (0.0048)	0.0446 *** (0.0047)
Happiness		0.3308 *** (0.0197)	0.2276 *** (0.0202)
Income		0.0333 *** (0.0013)	0.0315 *** (0.0012)
其他控制变量	NO	NO	YES
Constant	-2.5688 *** (0.0476)	-3.8049 *** (0.0828)	-4.8523 *** (0.1333)

续表

变量	模型 IV	模型 V	模型 VI
R^2	0.2014	0.2649	0.2878
Observations	14 559	14 559	14 559

注：括号内是估计系数的标准误，*** 表示 1% 的显著性水平。

（1）户主受教育年限对家庭金融资产的边际效应为 0.1377，且在 1% 的水平下显著；户主同为中等受教育水平时，风险偏好对家庭金融资产投资传导作用为 0.1604，且在 1% 的水平下显著；户主同为高等受教育水平时，风险偏好对家庭金融资产投资传导作用为 0.1254，且在 1% 的水平下显著。总体上看，人力资本对家庭金融资产投资有显著的正向影响，人力资本越高则越倾向于家庭金融资产投资，这一结论符合现实情况。但为何人力资本水平越高家庭金融资产投资规模越大？正如已有文献指出和前文所验证的那样，人力资本通过风险偏好这一中介变量对家庭金融资产投资行为有重要影响。在相同人力资本水平下，人力资本与风险偏好的交互项对家庭金融资产投资的影响均显著，风险偏好越高，对家庭金融资产投资的传导作用越强，从而表现为更高的家庭金融资产投资。

（2）风险偏好中介作用的传导机制是稳健的。无论是否引入影响家庭金融资产投资的家庭特征变量（户主父母受教育水平、家庭可支配收入和家庭成员总数等）以及个体特征变量（户主的年龄、政治面貌、婚姻状况、幸福感和身体健康状况等），中等、高等学历层次背景下的风险偏好对家庭金融资产投资行为的边际影响基本一致。模型 IV～模型 VI 中受教育年限对家庭金融资产投资边际影响的参数估计值分别为 0.2005、0.1604、0.1377，中等和高等学历层次背景下的风险偏好对家庭金融资产投资影响的参数估计值分别为 0.1842、0.1442、0.1604 和 0.2136、0.0946、0.1254。人力资本通过风险偏好传导机制影响家庭金融资产投资行为具有良好的稳健性。

4.4

人力资本与风险偏好的交互效应

上述实证研究发现，人力资本对家庭金融资产投资的影响主要通过风险偏好传导实现。那么，对于不同金融资产投资总额的家庭，人力资本的影响必然存在一定的差异。为了进一步分析人力资本对家庭金融资产投资影响的异质性特征，本书采用分位数回归（quantile regression），构建了人力资本对家庭金融资产投资影响的分位数回归模型如下：

$$Q_\tau \left[\ln(Financeasset_i) \right] = \gamma_0 + \gamma_1 Education_i + \gamma_3 Education\_z_i \times Prefer_i$$

$$+ \gamma_4 Education\_g_i \times Prefer_i + \sum_{j=1}^{m} \eta_j X_i + \varepsilon_i$$

$$(4-4)$$

根据家庭金融资产投资总额从小到大排序，其中 $q = 10\%$ 表示 10% 分位数，$q = 30\%$、$q = 50\%$、$q = 70\%$、$q = 90\%$ 的含义以此类推。家庭金融资产投资总额的分位数可以反映家庭金融资产投资水平，家庭金融资产投资总额的 10%、30%、50%、70%、90% 分位数可以理解为低、较低、中等、较高和高金融资产投资的五类家庭。人力资本和风险偏好对家庭金融资产投资影响的分位数回归结果如表 $4-4$ 所示，从中可以看出：

表 4 – 4　　　人力资本对家庭金融资产投资影响的分位数回归结果

变量	$q = 10\%$	$q = 30\%$	$q = 50\%$	$q = 70\%$	$q = 90\%$
Education	0. 1048 *** (0. 0106)	0. 1194 *** (0. 0079)	0. 1483 *** (0. 0098)	0. 1597 *** (0. 0094)	0. 1221 *** (0. 0088)
Education_z × *Prefer*	0. 1255 *** (0. 0394)	0. 1464 *** (0. 0228)	0. 1704 *** (0. 0395)	0. 1782 *** (0. 0413)	0. 1347 *** (0. 0256)
Education_g × *Prefer*	0. 2034 *** (0. 0615)	0. 1699 *** (0. 0388)	0. 1126 ** (0. 0527)	0. 0124 (0. 0488)	– 0. 0127 (0. 0323)

续表

变量	$q = 10\%$	$q = 30\%$	$q = 50\%$	$q = 70\%$	$q = 90\%$
Meducation	0.0342 *** (0.0087)	0.0398 *** (0.0076)	0.0368 *** (0.0073)	0.0180 *** (0.0066)	0.0295 *** (0.0054)
Feducation	0.0375 *** (0.0068)	0.0489 *** (0.0054)	0.0539 *** (0.0072)	0.0496 *** (0.0059)	0.0230 *** (0.0052)
Age	0.0011 (0.0018)	0.0047 *** (0.0014)	0.0149 *** (0.0013)	0.0168 *** (0.0015)	0.0157 *** (0.0011)
Communist	0.3195 *** (0.0923)	0.4302 *** (0.0481)	0.3318 *** (0.0614)	0.1943 *** (0.0464)	0.0433 (0.0428)
Marriage	0.6636 *** (0.0910)	0.6421 *** (0.0558)	0.7262 *** (0.0643)	0.7309 *** (0.0590)	0.5696 *** (0.0540)
Happiness	0.2028 *** (0.0263)	0.2517 *** (0.0277)	0.2227 *** (0.0246)	0.2256 *** (0.0262)	0.1540 *** (0.0242)
Healthy	0.1612 *** (0.0238)	0.2031 *** (0.0185)	0.2138 *** (0.0197)	0.1839 *** (0.0220)	0.1317 *** (0.0184)
Income	0.0221 *** (0.0035)	0.0411 *** (0.0050)	0.0544 *** (0.0029)	0.0658 *** (0.0037)	0.0697 *** (0.0041)
Number	− 0.0308 * (0.0166)	− 0.0560 *** (0.0125)	− 0.0655 *** (0.0124)	− 0.0819 *** (0.0171)	− 0.0960 *** (0.0158)
Constant	− 6.2897 *** (0.1978)	− 5.6276 *** (0.1666)	− 5.4010 *** (0.1437)	− 4.3508 *** (0.1839)	− 1.8537 *** (0.1675)
Pseudo R^2	0.1309	0.1644	0.1843	0.1829	0.1669
Observations	14 559	14 559	14 559	14 559	14 559

注：括号内是估计系数的标准误，*** 、** 和 * 分别表示1%、5%和10%的显著性水平。

（1）从受教育年限差异来看，受教育年限对家庭金融资产投资额在10%、30%、50%、70%、90%分位数的影响分别是 0.1048、0.1194、0.1483、0.1597、0.1221，且均在1%的水平下显著，人力资本对低、较低、中等、高和较高金融资产投资的家庭影响逐渐递增，对较高水平金融资产投资的家庭影响最大，对低水平金融资产投资的家庭影响最小。

（2）从相同的受教育层次来看，户主同为中等受教育水平，家庭金融资产投资额在 10%、30%、50%、70%、90% 分位数的影响分别是 0.1255、0.1464、0.1704、0.1782、0.1347，风险偏好对家庭金融资产投资额在 70% 分位数的影响最大为 0.1782，且通过了 1% 的显著性水平检验；户主同为高等受教育水平，家庭金融资产投资额在 10%、30%、50%、70%、90% 分位数的影响分别是 0.2034、0.1699、0.1126、0.0124、-0.0127，风险偏好对家庭金融资产投资额在 10% 分位数的影响最大为 0.2034，且通过了 1% 的显著性水平检验。因此，从相同的受教育层次来看，户主同为中等受教育水平，风险偏好对较高金融资产投资家庭的传导作用最大；户主同为高等受教育水平，风险偏好对低金融资产投资家庭的传导作用最大。

（3）从相同的家庭金融资产投资额来看，通过人力资本与风险偏好的交互项可以发现，家庭金融资产投资额在 10%、30% 分位数时，以初等学历为对照组，户主受教育层次越高，其风险偏好对家庭金融资产投资的传导作用越大；家庭金融资产投资额在 50%、70%、90% 分位数时，同样以初等学历为对照组，户主受教育层次越高，其风险偏好对家庭金融资产投资的传导作用越小。因此，从户主受教育层次差异来看，户主受教育层次越高，风险偏好对低、较低金融资产投资家庭的传导作用越大，风险偏好对中等、较高、高金融资产投资家庭的传导作用越小，进而验证了人力资本、风险偏好对家庭金融资产投资的影响存在异质性特征。

4.5

本章小结

本书基于中国家庭金融调查数据（CHFS），实证研究了人力资本对家庭金融资产投资的作用机理。首先，通过构建风险偏好的中介作用检验模型探究人力资本与家庭金融资产投资行为的内在作用机理。其次，构建了风险偏好的中介作用传导模型，分析了相同人力资本背景下风险偏好对家庭金融资产投资行为的影响差异。最后，构建了人力资本对家庭金融资产投资影响的分位数回归模型，进一步分析人力资本对家庭金融资产投资影响的异质性特征。主要研究结论总结如下：

（1）人力资本对家庭金融资产投资的影响一部分是直接影响，另一部分是通过中介变量风险偏好间接影响，风险偏好在人力资本与家庭金融资产投资的关系中发挥着中介作用。

（2）相同的人力资本水平下，风险偏好对家庭金融资产投资行为的影响存在差异，且人力资本通过风险偏好传导机制影响家庭金融资产投资行为具有良好的稳健性。

（3）人力资本、风险偏好对家庭金融资产投资的影响存在异质性，具体表现为家庭金融资产投资总额低、较低、中等、较高和高这五类家庭受人力资本、风险偏好的影响存在较大差异。

政策建议如下：

（1）从居民投资个体的角度来看，由于居民的人力资本与金融投资知识密切相关，因此要加强个人金融投资知识的学习，提高对金融市场的认知水平，做好家庭的投资理财规划，积极投身到普惠金融的浪潮中去，进而更好地参与家庭各类金融资产投资。

（2）从金融机构从业人员的角度来看，不仅要根据家庭投资者的风险偏好、幸福感、家庭可支配收入、身体健康状况和家庭成员总数等方面来制定金融理财产品，而且需要考虑居民的人力资本差异，制定更具合理性的创新性金融理财产品。

（3）从金融机构的角度来看，要自觉遵循金融市场秩序和规范投资行为，注重保护个体投资者的利益，增加金融信息的透明度，降低金融市场的交易成本，进而吸引个体投资者参与各类金融资产投资。

（4）从政府政策制定者的角度来看，要注重提高居民人力资本水平，鼓励个体投资者接受金融市场知识的再培训，增强金融市场信息对称性，提高家庭金融市场参与的积极性；同时，要根据居民风险偏好的主体差异，积极改善金融产品市场的投资环境，促进家庭参与各类金融资产投资，优化家庭金融资产配置。

第 **5** 章

人力资本与消费：特征与机制

前两章已经分析了人力资本对于家庭金融投资决策行为的影响。参照国民收入核算中将收入分为投资和消费的这一简单划分，接下来，本章将基于信贷消费视角，进一步分析人力资本对于消费的影响。

5. 1

问题提出

曾有研究机构对长三角地区 1980～1989 年出生的人群（俗称"80后"）进行了一项调研，调查结果显示：学历越高的受访者越不爱存钱，更乐意透支消费（复旦大学社会科学数据研究中心，2014）。这种关于受教育水平与消费之间的关系研究一直备受关注（张涤新，2002；张学敏、何西宁，2006；叶春辉、封进、王晓润，2008；杨丽、陈超，2013）。教育可以在一定程度上提高人们的消费水平和消费层次，改善人们的消费观念和消费方式，进而扩大和改善人们的消费需求（张学敏、陈星，2016）。目前研究在理论上讨论较多，缺乏经验证据，尤其未能很好解释教育对于消费的影响机制。本书试图从实证角度深入阐释人力资本如何影响消费及其作用机制。

一般而言，青年人是社会消费群体中消费需求最活跃的群体。青年人消费往往与其心理特征、家庭背景、社会经济水平以及群体行为等因素有关（王丽君、岳红军，2013）。时尚开放的青年人敢于消费，朴素传统的青年人更趋于保守；生长在节俭或困难家庭的青年人往往较为节俭；相对于物质匮乏年代出生的人群而言，物质丰裕年代的青年人消费欲望不断膨胀；另外，青年人容易产生从众行为，出现盲目消费或过度消费。这些现象恰好也反映了青年人消费的丰富性和多样性。以青年群体为样本研究消费问题更能得出有价值的观点。

理论上讲，消费由哪些因素决定？凯恩斯的"绝对收入消费理论"指出，消费是收入的函数，意味着消费仅仅由收入来解释。尽管这有失偏颇，但凸显了收入在消费中的重要作用。实际上，除了收入以外，其他一些重要因素的影响也不应忽视，如消费者个体特征及其相关的消费习惯（田青、马健、高铁梅，2008）、观念（叶德珠、连玉君，2012）以及风险态度（张梁梁、林章悦，2016）等。按照计量经济理论，影响消费的一些重要因素被遗漏，容易造成样本估计偏误。因此，本书在实证研究学历对于信贷消费的影响时，需要控制收入以及其他一些重要因素。

早期的信贷消费研究主要集中于收入对信贷消费的影响。当期消费水平的影响因素不仅取决于当期收入，而且还受到以往消费水平以及其他消费者消费水平的影响（Duesenberry，1949）。在消费者当期收入并不充裕的情况下，消费者将借助于消费信贷，而消费信贷又受到借贷约束的影响（Zeldes，1989）。目前，信贷消费研究越来越关注个体特征因素如年龄、观念、风险偏好等差异的影响。譬如：年轻人一般消费较高，老年人消费较低（Modiglian and Brugmberg，1996）；高风险、低净值的借贷者更依赖于银行信贷（Willian and Nakamur，1995），风险偏好型家庭，消费信贷额度越大（何丽芬、吴卫星、徐芊，2012）。尤其是风险偏好，其对消费信贷的影响日益引起关注。

而风险偏好的形成往往受到教育的影响（Riley and Chow，1992；Sunden and Surette，1998；周业安、左聪颖、袁晓燕，2013）。乔根森（Jorgensen，2002）认为知识可以帮助消费者了解市场运作，进而会改变风险偏好；陈其进和陈华（2014）利用 RUMIC2009 数据实证研究发现，教育程度越高，居民越偏好于风险。经过对知识的汲取后，人们更能理性地作出消费选择从而改善家庭的风险态度，提高消费意愿（陈其进，2015）。

总结上述研究，本书认为教育很可能通过改变一个人的风险偏好进而影响其信贷消费。学历不同，风险偏好也不一样，从而表现出不同的消费特征。本书将基于风险偏好视角实证研究上述传导机制。接下来本书结构安排如下：第二部分为数据来源、变量选取与统计描述，第三部分为实证研究学历对于消费的作用机制，第四部分为结论。

5.2 数据来源与统计描述

5.2.1 数据来源与变量选取

本书数据来源于 2011 年中国家庭金融调查数据（CHFS）。根据 2013 年联合国世界卫生组织的划分，青年人为 15 周岁至 44 周岁的人群。本书的青年人样本分布于京、津、冀、辽等 25 个省区市，共计 3 258 个样本点，样本覆盖广泛，具有较好的代表性。根据研究目的，本书选取了一些重要的解释变量和控制变量（见表 5 - 1）。

表 5 - 1　　　　　　　　　　变量描述统计

变量名	变量定义	观测	均值	标准差	最小值	最大值
$Concred$	消费信贷额（万元）	3 258	0.16	0.96	0	30.4
Edu_1	中学文化（是 =1）	3 258	0.48	0.50	0	1
Edu_2	大专以上文化（是 =1）	3 258	0.35	0.48	0	1
$Prefer$	风险偏好（无风险 =1，低风险 =2，较低风险 =3，较高风险 =4，高风险 =5）	3 258	2.63	1.22	0	5
$Wage$	货币工资和奖金（万元）	3 258	1.78	4.52	0	100

续表

变量名	变量定义	观测	均值	标准差	最小值	最大值
Experience	工作时间（年）	1 425	8.34	7.04	0.1	30
Tech	是否有职称（有 = 1）	1 425	0.37	0.48	0	1
Works	工作份数	2 600	1.05	0.24	1	4
Age	年龄	3 258	35.61	6.52	15	44
Tdeposits	定期存款额（万元）	3 240	6.10	9.39	0	100
Happiness	是否感觉幸福（非常不幸福 = 1，不幸福 = 2，一般 = 3，幸福 = 4，非常幸福 = 5）	3 258	1.39	0.51	1	5
Communist	是否为党员（是 = 1）	3 216	0.12	0.33	0	1
Minority	是否为少数民族（是 = 1）	3 258	0.04	0.20	0	1
Establish	是否拥有编制（是 = 1）	1 426	0.25	0.43	0	1
Secure	是否购买养老保险（是 = 1）	2 570	0.53	0.50	0	1
Female	是否为女性（是 = 1）	3 258	0.51	0.50	0	1
Married	是否已婚（= 1）	3 230	0.85	0.50	0	1

需要特别说明的是：

（1）关于消费信贷。1999 年 2 月中国人民银行发布了《关于开展个人消费信贷的指导意见》，正式要求金融机构开展消费信贷业务，主要包括：个人住房抵押贷款、个人汽车贷款、助学贷款、住房装修贷款、医疗贷款、旅游贷款、房产抵押贷款、小额质押贷款、个人综合消费信贷等（蔡浩仪，徐忠，2005）。由于 CHFS 数据缺失的原因，本书除了不含旅游贷款外，其他主要消费信贷即短期信用贷款、综合消费贷款、国家助学贷款、汽车贷款和住房贷款等五部分均含有。其中，短期信用贷款是以上个月信用卡消费额代替，综合消费贷款是以其他短期消费贷款代替。本书选取的数据来自正规金融贷款，不含非正规金融贷款（如亲戚朋友等借款）。

（2）关于受教育程度。受教育水平一般以受教育年限表示，但为了刻画教育对风险偏好的影响差异性，本书将学历分成三个等级，即小学

（初等学历）、中学或中专（中等学历）和大专以上（高等学历）。

（3）关于风险偏好。风险偏好最早通过效用曲线来刻画，根据不同的曲线形状可划分为厌恶风险、风险中立和偏好风险。本书采用的是 CHFS 问卷中受访者在资产投资中的风险规避态度（见表 5 - 1）。

（4）关于控制变量。根据已有文献，本书选取了一些重要的控制变量，如年龄、性别、婚姻状况、职称、养老保险、工作经验、工作份数、定期存款额，以及是否拥有养老保险、编制，是否为党员、少数民族，以及是否感到幸福等。

5.2.2 基本统计描述

表 5 - 1 统计描述结果显示，平均的消费信贷额为 0.16 万元，标准差为 0.96 万元，说明消费信贷分布非常分散。消费信贷自然对数的核密度图（见图 5 - 1）显示消费信贷分布呈双峰分布。

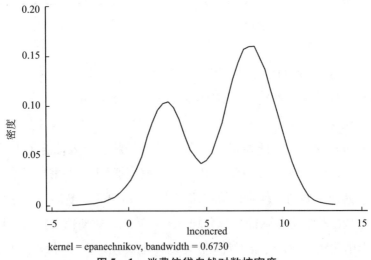

kernel = epanechnikov, bandwidth = 0.6730

图 5 - 1　消费信贷自然对数核密度

青年消费者的学历分布为 2∶5∶3，其中：初等学历占 17.5%，中等学历占到了 47.1%，而高等学历占 35.4%。学历越高，消费信贷越高。

图 5 - 2 显示了，高等学历的平均信贷消费要比中等学历高出 1 278.5 元，比初等学历高 1 397.5 元。

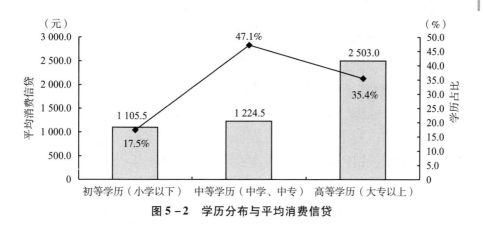

图 5 - 2 学历分布与平均消费信贷

5.3

研究假说检验

为什么学历越高，信贷消费越高？比较而言，学历越高的人，其工作状况和收入水平一般也相应较好，从而表现为更强的消费能力和更开放的消费观念。前者属于教育带来的一种收入效应，而后者属于教育对于个体自身特质的改变。于是，本书提出以下假说：

假说 5 - 1：教育改变了个体特质（如风险偏好），从而改变了其消费行为，进而影响消费。

假说 5 - 2：教育提升了收入报酬，从而有更强的消费能力，进而提高消费信贷。

接下来，对上述假说进行计量检验和进一步的实证分析。

5.3.1 假说 5 - 1 和假说 5 - 2 计量检验

上述假说 5 - 1 和假说 5 - 2 指出了风险偏好和收入在学历和消费之间

可能均起到了传导作用，亦即"中介作用"。中介作用是指自变量通过中介变量来影响因变量的过程（Baron and Kenny，1986）。为了验证上述传导机制，本书将从"中介作用"角度进行计量检验。

首先，构建风险偏好中介作用的检验模型如下：

$$\begin{cases} concred_i = \varphi_1 + \theta_{11}edu_{1i} + \theta_{12}edu_{2i} + \varepsilon_1 & （a） \\ prefer_i = \varphi_2 + \theta_{21}edu_{1i} + \theta_{22}edu_{2i} + \varepsilon_2 & （b） \\ concred_i = \varphi_3 + \theta_{31}edu_{1i} + \theta_{32}edu_{2i} + \theta_4prefer_i + \varepsilon_3 & （c） \end{cases} \quad （5-1）$$

若式（5-1）中方程（a）、方程（b）、方程（c）的回归系数同时满足下列条件，则认为中介作用存在（王智波、李长洪，2016）：（1）若方程（a）中 θ_{11}、θ_{12} 与零有显著差异，则表明其对应的自变量 edu 与因变量 concred 存在线性关系；（2）若方程（b）中 θ_{21}、θ_{22} 与零有显著差异，则表明其对应的自变量 edu 与因变量 prefer 存在线性关系；（3）若方程（c）中 θ_4 与零有显著差异，且 θ_{31}、θ_{32} 分别明显小于 θ_{11}、θ_{12}，则意味着中介变量 prefer 有助于预测因变量。若方程（a）、方程（b）、方程（c）的回归系数满足上述三个条件，则说明 edu 对 concred 的影响一部分是直接影响，另一部分是通过中介变量 prefer 间接影响。进一步地，若方程（c）中的 θ_{31}、θ_{32} 不显著，则说明 edu 对 concred 的影响全部通过 prefer 中介实现。

具体结果如表5-2所示。其中：模型（a）和模型（b）回归结果分别满足上述条件（1）和条件（2）；模型（c）中的风险偏好影响显著且 θ_{31}、θ_{32} 的估计值分别小于 θ_{11}、θ_{12} 的估计值，说明风险偏好起到了中介传导作用。

表5-2　　　　　　　　　　　风险偏好中介作用回归结果

变量	模型（a）	模型（b）	模型（c）
Edu_1	−0.9238 *** (0.3131)	0.2641 *** (0.0580)	−0.9877 *** (0.3123)
Edu_2	0.0867 ** (0.2981)	0.6984 *** (0.0606)	0.6290 ** (0.3001)

变量	模型（a）	模型（b）	模型（c）
Prefer			0. 2604 ***
			（0. 0780）
Constant	6. 1895 ***	2. 2615 ***	5. 5461 ***
	（0. 2716）	（0. 0493）	（0. 3319）
Observations	1 077	3 258	1 077

注：① *** 、** 分别表示 1% 、5% 的显著性水平；②括号内是估计系数的标准误。

为了检验中介效应是否显著，本书将采用索贝尔检验法，即检验系数乘积项的原假设 H_0：$\theta_4\theta_{21}=0$、H'_0：$\theta_4\theta_{22}=0$ 成立与否。如果拒绝原假设，则中介效应显著。检验统计量值分别为：$Z_{\theta_4\theta_{21}}=\dfrac{\theta_4\theta_{21}}{\sqrt{\theta_4^2 S_{\theta_{21}}^2+\theta_{21}^2 S_{\theta_4}^2}}=1.85$ 和

$Z_{\theta_4\theta_{22}}=\dfrac{\theta_4\theta_{22}}{\sqrt{\theta_4^2 S_{\theta_{22}}^2+\theta_{22}^2 S_{\theta_4}^2}}=1.88$，则在 10% 的显著性水平下，均拒绝原假设，意味着风险偏好的中介效应显著。

同理，计算收入中介作用的检验统计量分别为 1. 56 和 1. 66，那么，在 10% 的显著性水平下，不能完全拒绝原假设，意味着收入中介效应并不明显。收入的中介效应不明显源于收入越高的人不一定越偏好风险。表 5 - 3 列出了高学历人群的收入与风险偏好分布情况。从表 5 - 3 中看出，高学历人群中，均值收入以上人数明显小于均值风险以上人数，说明收入是向下集中，而风险是向上集中。收入超均值且风险也超均值的人数占比为 20. 3%，低于均值收入以上人数占比约 10 个百分点，说明近 1/3 高收入人群不偏好风险。其实，从总体而言，偏好风险的消费者仅占 9. 3%，而风险厌恶者占到了 42. 6%，大多数人不偏好风险

综上所述，收入越高的人不一定越偏好风险，但越偏好风险的人，收入越高。因此，学历对信贷消费的影响主要是通过风险传导，而不是收入，收入只是风险的外在表现，亦即假说 5 - 1 成立。

表 5 – 3　　　　　　　高学历人群（$Edu_2 = 1$）收入与风险偏好分布

工资收入		风险偏好		收入超均值且风险超均值的人数占比（%）
均值	超均值人数占比（%）	均值	超均值人数占比（%）	
35 181. 59	30. 2	2. 96	69. 7	20. 3

5.3.2　风险传导机制实证

教育会使得消费者有更高的市场参与度和风险认知度。为了刻画教育对于风险偏好的作用以及分析不同的受教育水平下，风险偏好对于信贷消费的影响差异，我们在模型中引入了教育与风险偏好的交叉项。基于类似 Mincer 收入决定方程，本书构建了回归计量模型：$\ln(concred_i)$ 为消费信贷的自然对数；$Edu_1 = 1$ 表示中等教育水平；$Edu_2 = 1$ 表示高等教育水平；$Edu_1 \times Prefer$ 和 $Edu_2 \times Prefer$ 分别为中等和高等教育程度与风险偏好的交叉项，其系数表示不同学历下的消费者风险偏好对于消费信贷的影响；控制变量为收入、年龄、性别、婚姻状况、职称、养老保险等。

为了克服可能存在的多重共线性问题，表 5 – 4 中的模型 Ⅰ ~ 模型 Ⅳ 估计结果均是对模型按照不同的解释变量与控制变量进行组合逐步回归（stepwise selection）获得。模型 Ⅴ 为模型的估计结果。

表 5 – 4　　　　　　　　　　模型参数估计结果

变量名	模型 Ⅰ	模型 Ⅱ	模型 Ⅲ	模型 Ⅳ	模型 Ⅴ
Edu_1	2. 2172 ** (3. 2447)	4. 4920 ** (1. 7294)	3. 9277 ** (1. 6272)	– 0. 3629 (0. 4214)	3. 7194 ** (3. 5860)
Edu_2	2. 4488 ** (3. 1614)	4. 8736 *** (1. 7985)	4. 5060 *** (1. 7135)	1. 0331 ** (0. 4697)	3. 7205 ** (3. 5527)
$Edu_1 \times Prefer$		0. 6926 (1. 1111)		0. 0802 (0. 1634)	0. 2911 (1. 1974)
$Edu_2 \times Prefer$	1. 1967 * (1. 0740)	0. 3844 * (0. 2105)	0. 3772 * (0. 2022)	0. 3720 ** (0. 1706)	0. 8122 *** (1. 1745)

续表

变量名	模型 I	模型 II	模型 III	模型 IV	模型 V
Prefer	-0.8214 (1.0560)			-0.0329 (0.1364)	-0.4348 (1.1678)
ln*wage*	0.3124 ** (0.1115)	0.2907 ** (0.1115)	0.3294 ** (0.1085)		0.3439 *** (0.1133)
Experience	-0.1093 *** (0.0323)	-0.1094 *** (0.0339)	-0.1120 *** (0.0320)		-0.1091 *** (0.0342)
Tech	1.3009 *** (0.4466)	1.2657 *** (0.4701)	1.3105 *** (0.4441)		1.2381 ** (0.4765)
Works	-3.5794 *** (1.3639)	-3.2477 ** (1.3885)	-3.5569 *** (1.3551)		-3.2934 ** (1.4015)
Age	0.1375 *** (0.0373)	0.1307 *** (0.0387)	0.1413 *** (0.0369)		0.1283 *** (0.0392)
ln*tdeposits*	0.3943 ** (0.1596)	0.3487 ** (0.1715)	0.3930 ** (0.1587)		0.3472 ** (0.1729)
Happiness	0.6426 ** (0.2230)	0.4396 ** (0.2177)	0.6104 ** (0.2177)		0.6231 ** (0.2233)
其他控制变量	Yes	No	No	No	Yes
Constant	-2.2602 (3.8373)	-4.8946 (4.1028)	-4.4516 * (2.6311)	6.3752 *** (0.3395)	-3.8789 (4.9781)
Observations	1 410	1 410	1 410	1 888	1 410
R^2	0.3538	0.3772	0.3501	0.0069	0.3785

注：①***、**和*分别表示1%、5%和10%的显著性水平，括号内是估计系数的标准误；②其他控制变量包括是否为党员、是否为少数民族、是否有编制、是否购买养老保险、是否为女性和是否结婚；限于篇幅，其他控制变量实证结果未列出，感兴趣可向作者索取。

表 5-4 结果表明：

（1）总体上看，青年群体中学历和风险偏好对于消费信贷具有正向影响。越喜好风险的青年人越倾向于贷款消费。这一结果与我们的平常认知是相符的。但学历越高，消费信贷规模为什么也越大呢？正如已有文献指出的那样，教育会影响风险偏好。模型中教育与风险偏好的交互项验证了不同学历背景下风险偏好的影响差异。尤其对于高学历而言，它与风险偏好交互项对于消费信贷的影响最为显著。这意味着，青年群体中学历越高，风险偏好也越高，从而表现出更高的消费信贷。

（2）风险偏好的传导机制具有稳健性。无论是否引入影响消费的重要解释变量收入以及不同的个体特征变量，高学历下的风险偏好对于消费信贷的边际影响基本一致，即 $Edu_2 = 1$ 时，模型 Ⅰ ～模型 Ⅴ 中的 Prefer 影响被解释变量的参数估计值分别为 0.375、0.384、0.377、0.339 和 0.377[①]。这说明，学历通过风险偏好传导影响消费信贷具有良好的稳健性。

（3）不同学历对消费信贷的直接影响基本一致。表 5 - 4 中估计结果除了模型Ⅳ，其余模型结果均显示 Edu_1 和 Edu_2 对于消费信贷影响的参数估计值差不多相同。然而，图 5 - 2 显示了随着学历提升，人均消费信贷呈现递增趋势。说明风险偏好的上述传导机制推动了消费信贷的增加。

5.3.3 学历影响的异质性分析

根据上述实证研究发现，学历对消费信贷的影响主要通过风险偏好传导实现。那么，对于不同的青年消费人群，学历影响必然存在一定的差异性。为了进一步分析学历对于消费影响的异质性特征，本书拟采用分位数回归（quantile regression）。根据消费信贷从小到大排列，其中 $q = 10\%$ 表示 10% 分位数，以此类推。分位数回归结果如表 5 - 5 所示。表 5 - 5 中第 2 列至第 6 列可以理解为低、较低、中等、较高和高信贷消费等五类人群的模型估计结果。

---

① 表 5 - 4 中，当 $edu2 = 1$ 时，用 $edu2 \times prefer$ 的系数与 $prefer$ 的系数和获得，分别为 1.1967 - 0.8214 = 0.3753、0.3844、0.3772、0.3720 - 0.0329 = 0.3391、0.8122 - 0.4348 = 0.3774。保留三位有效小数，分别为 0.375、0.384、0.377、0.339 和 0.377。

表 5 - 5 分位数回归结果

变量名	$q=10\%$	$q=30\%$	$q=50\%$	$q=70\%$	$q=90\%$
Edu_1	- 2. 6323 (4. 7861)	3. 0183 *** (0. 6982)	1. 8163 ** (0. 7042)	1. 2205 ** (0. 4973)	3. 5561 *** (0. 5644)
Edu_2	- 5. 3520 ** (3. 1658)	3. 8898 *** (1. 5125)	3. 6672 * (2. 7989)	5. 5262 ** (1. 2260)	7. 3330 *** (2. 1636)
$Edu_1 \times Prefer$	0. 2708 (0. 3868)	0. 1862 (1. 1742)	- 0. 0843 (0. 5637)	0. 6800 (0. 5014)	0. 3172 (0. 3760)
$Edu_2 \times Prefer$	1. 0981 *** (1. 0295)	1. 0356 (0. 0838)	1. 1509 *** (1. 0380)	1. 1233 *** (1. 0403)	1. 0788 *** (1. 0293)
$Prefer$	0. 1296 *** (0. 0346)	0. 0772 (0. 0969)	0. 1881 *** (0. 0498)	0. 1478 *** (0. 0470)	0. 1060 *** (0. 0363)
lnwage	0. 4934 *** (0. 1561)	0. 7744 * (0. 4261)	0. 8802 *** (0. 2179)	0. 5315 ** (0. 2089)	0. 2767 * (0. 1626)
$Experience$	- 1. 7871 ** (0. 6038)	- 2. 1628 ** (1. 0406)	- 2. 1547 ** (0. 8286)	- 2. 2337 *** (0. 7957)	- 1. 9873 *** (0. 6268)
$Tech$	1. 6647 (1. 5474)	1. 5732 *** (0. 3675)	1. 3914 (0. 9888)	0. 3570 (0. 3740)	0. 6148 (1. 2810)
$Works$	- 2. 0433 (3. 1366)	- 4. 5328 *** (0. 7148)	- 4. 4146 * (2. 5527)	- 1. 3976 * (0. 7479)	- 2. 6540 (1. 6195)
Age	0. 9345 ** (0. 7287)	0. 0682 * (1. 1389)	0. 2283 *** (0. 9239)	1. 2182 *** (0. 9687)	0. 9899 * (0. 6656)
lntdeposits	0. 4874 (0. 7755)	0. 5523 *** (0. 1394)	0. 4531 (0. 3569)	- 0. 0533 (0. 1432)	0. 1135 (0. 3523)
$Happiness$	1. 3358 ** (1. 7467)	0. 3397 (0. 3523)	0. 4900 (0. 9983)	0. 6897 * (0. 3778)	- 0. 3141 (1. 2837)
其他控制变量	YES	YES	YES	YES	YES
$Constant$	- 2. 5174 ** (2. 6677)	- 6. 0573 *** (8. 8622)	- 9. 3849 ** (3. 6171)	- 2. 3556 *** (3. 5272)	0. 4732 (2. 3740)
Pseudo R^2	0. 2270	0. 4348	0. 1285	0. 2423	0. 2149

注：① *** 、** 和 * 分别代表 1% 、5% 和 10% 的显著性水平下显著，括号内是估计系数的标准误；②其他控制变量包括是否为党员、是否为少数民族、是否有编制、是否购买养老保险、是否为女性和是否结婚；限于篇幅，其他控制变量实证结果未列出，感兴趣可向作者索取。

　　将表5-5中不同学历背景下，风险偏好对于消费信贷的影响结果绘制为图5-3。从中，我们能够看出：（1）在相同的信贷消费水平下，青年群体中学历越高，其风险偏好对信贷消费影响越大；（2）在相同的学历背景下，信贷消费越高的青年（分位数超过30%），其风险偏好的传导作用也越大。

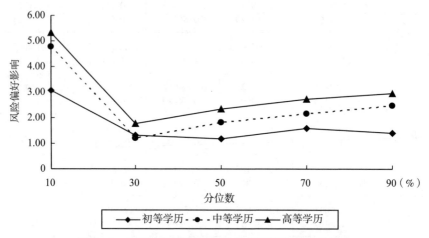

图5-3　不同学历背景下风险偏好对消费信贷的影响

5.4

本章小结

　　本书基于中国家庭金融调查（CHFS）中的青年样本数据实证研究了人力资本对于消费信贷的影响，得出三点主要结论：

　　（1）调查数据显示，在青年群体中高等学历的平均信贷消费要比中等学历高出1 278.5元，比初等学历高1 397.5元。信贷消费呈双峰分布，离散程度高，消费个体间的差异性很大。其中，在高学历人群中，均值收入以上人数明显小于均值风险以上人数，说明收入是向下集中，而风险是向上集中。收入超均值且风险也超均值的人数占比为20.3%，低于均值收入以上人数占比约10个百分点，近1/3高收入人群不偏好风险。样本数据表明，高收入人群不一定偏好风险，但偏好风险的人群收入一般较高。

（2）总体上看，学历和风险偏好对于消费信贷具有正向影响。越偏好风险的青年人越倾向于信贷消费。无论是否引入影响消费的重要解释变量收入以及不同的个体特征变量，高学历下的风险偏好对于消费信贷的边际影响基本一致，说明学历通过风险偏好传导影响消费信贷具有良好的稳健性。本书中的"中介作用"检验法确实识别出学历可通过风险偏好传导影响信贷消费。学历越高的青年越倾向于信贷消费，不是因为整体收入水平较高，而是因为他们更加偏好风险。

（3）学历对于信贷消费的影响存在异质性。一是在相同的信贷消费水平下，学历越高的青年人，其风险偏好的传导作用越大；二是在相同的学历背景下，信贷消费水平越高的青年，也伴随着较强的风险偏好。

本书的研究价值与启示意义在于：

（1）丰富了当前我国青年消费的相关研究。经济学较多地关注消费行为，教育学则关注人的培养，而教育对青年人群消费行为的影响研究则鲜有人问津。教育与消费疏离现象将逐渐引起人们重视，本书研究拓展了这一领域的研究内容。

（2）一直以来，教育更多地关注青年对于知识技能的掌握以及工具的制造和使用等生产能力的培养，而忽视了对消费技能的教育培训（如消费的观念、层次和品质等）。教育对消费行为影响的间接性不仅表现为通过收入来影响消费行为，更重要的是通过教育对人的培养过程，可能改变人的性格、偏好、品位、文化结构，甚至人生观等，这些无一不影响人的消费行为（冯丹，2008）。本书的实证研究揭示出，学历对于信贷消费的影响是通过风险偏好而不是收入，验证了教育对于人们观念和偏好的改变所起的重要作用。

（3）依靠教育对观念和方式进行校正可以提高青年人的幸福感。"伊斯特林（Easterlin）悖论"指出收入的增加能够扩大消费者效用，但未必能够提高消费者的幸福感。因此，教育通过收入传导影响消费不一定能够促进幸福感提升。但若教育通过对人们知识和素养的提升、观念和偏好的改变等作用使得受教育程度越高的人更倾向于信贷消费的话，则有益于幸福感提升。

第**6**章

家庭对子女收入的影响

6.1

问题提出

近年来，我国收入差距出现了新趋势，父辈收入差距会延续甚至扩大到其子代的收入差距中。如果这种传递性持续下去，将会出现越来越多的"富二代"和"穷二代"。当人们的收入不再取决于自身的努力和付出程度时，阶层就会固化，收入就会取决于家庭。这势必有悖于社会主义本质特征"共同富裕"的要求。数据显示：42%的低收入子代会继续处于父辈同样的阶层，跃入中上阶层只有30%，而真正成为高收入的仅有6%[①]。

2016年"江苏家长抗议高考减招"一事[②]，引起各方广泛关注，其背后的实质是要求教育公平。但是，教育不公平现象不仅仅由地域差距因素造成，而且很可能与家庭有关，后者往往被人们所忽视。正如贝克尔和托姆斯（Becker and Tomers，1979）所指出的那样，个人进行人力资本投资，在面临资金约束，且又无法获得相关支持时，父母的人力资本状况就会在很大程度上决定了子女人力资本投入，从而影响孩子成年时的工资收入。

---

① 资料来源：Nation Longitudinal Data 官方网站。
② 江苏高考生家长教育厅门前抗议减招［EB/OL］. 天津教育网，2016 – 05 – 17.

一直以来，收入差距问题引发人们热议。过多的财富集中于少数人手中，收入的不平等会让贫困人口失去劳动积极性，也威胁着社会的长治久安以及产生一系列其他社会问题。收入差距问题也经常为国内外研究学者所关注（Gustafsson and Li，2001；Knight and Song，2003；陈斌开、林毅夫，2013；钞小静、沈坤荣，2014）。从宏观上来讲，经济发展、产业结构变迁、人口城镇化以及相关政策等均与收入差距息息相关。从微观上来看，不少文献将不同群体之间的收入差异分解为劳动力个体特征，如受教育程度、家庭背景以及社会地位等因素（Cao Y.，2005；陈斌开、张鹏飞、杨汝岱，2010）加以研究。本书属于后者，将论述父辈的人力资本等是否传递影响子代收入？

本书利用分位数回归、Oaxaca – Blinder 分解法以及 ISEI 社会经济指标模型等方法从人力资本代际传递角度阐释收入决定问题。将人群分为低收入人群、中低收入人群、中高收入人群以及高收入人群，探究影响不同收入阶层的因素。同时，研究父母受教育水平在多大程度上影响子女的收入，通过 Oaxaca – Blinder 分解探究其父辈对子代收入影响程度的大小。最后，通过可观测量法用国际社会经济地位指数来测量父辈的社会地位，观测子代是否实现了社会流动性向上的变化趋势。

6. 2

文献综述

本书研究涉及人力资本代际传递与收入不平等问题。人力资本代际传递指的是，人力资本在父代与子代之间进行传递。其对应的收入不平等称之为收入纵向不平等，指的是收入在代际间变化。描述其变化特征的是代际收入弹性和代际收入相关性。代际收入弹性或者相关性越高，代际收入流动性越低。代际流动性文献主要集中于收入的代际流动（Becker and Tomes，1979；Solon，1992；王海港，2005；邢春冰，2006；陈琳、袁志刚，2012）。而人力资本的代际流动关注则相对较少。子女的人力资本不仅取决于父母对其教育、健康等进行跨代投资，还取决于父母通过平时的言传身教将自身的知识、素养和能力等传递给子女（Qin et al.，2016）。代际流动性越高意味着个人的成功主要取决于自身的努力和能力，而非家庭背景。人力资本的代际流动最早可追溯至贝克尔和托姆斯的经典研究。此后，相关研究成为了人力资本和收入分配研究的一个重要领域（Goldberger，1989；Solon，1992；Bowles and Gintis，2002；Martin，2012；何石军、黄桂田，2013；周兴、张鹏，2015；Yang and Qiu，2016；Andreou and Koutsampelas，2015；Ruiz，2016）。

注意到人力资本代际传递中家庭环境、背景和父母遗传的重要作用，许多学者开展了深入研究，分别从家庭环境角度（Agee and Crocker，2000）、家庭结构角度（Martin，2012）、家庭经济来源和财产角度（Huang，2013）等研究了人力资本代际传递特征和机理，认为：人力资本代际传递与家庭环境密不可分，环境越差的家庭提高子女的人力资本需要花费更高的成本；与在双亲家庭中长大的孩子相比，单亲家庭的孩子受教育水平普遍较低；家庭财产会增加父母与男孩在校受教育年数之间的相关性。

除了人力资本代际传递机制的研究之外，近年来，经济学家们已越发重视人力资本代际传递以及公共教育支持对于个人或家庭收入的影响。例如，对于学前教育，赫克曼和劳特（Heckman and Raut，2016）研究发现，学前教育能够显著提高认知和非认知能力，而这些能力有助于提高以后的学习成绩和收入水平，并且进一步分析认为，对贫困家庭子女实施税收资助的免费学前教育会产生正的社会净收益和更高的代际收入流动性。相对于学前教育，大家对于公共教育投资关注较多。例如，李等（Li et al.，2014）研究发现公共教育能够显著提高家庭收入的43%，增加政府的公共教育投入有助于缓解贫困家庭经济恶化的代际传递。赫灵顿（Herrington，2015）通过对美国和挪威数据比较研究发现，税收和公共教育支出约能解释两国收入不平等的1/3和代际收入差距的14%。如果政府能够提高义务教育的年数及给予贫困家庭子女教育补贴，那么父母的较低收入对于子女受教育的不利影响会减弱（Kwenda，Ntuli and Gwatidzo，2015）。

基于中国情境的实证研究也越来越多。如：张东辉和司志宾（2007）的研究表明，高收入人群的子代愈富，低收入人群的子代愈穷，产生了子代收入代际间的"马太效应"。张苏和曾庆宝（2011）提出父辈人力资本初始的差距会通过代际传递到子代，并且收入与职业也会存在代际传递，但教育的代际传递最为显著。邹薇和郑浩（2014）与张苏和曾庆宝观点类似，重视教育的作用，研究发现，相较于高收入家庭，低收入家庭普遍或者无法让子女接受较高的教育而导致家庭的持续贫穷，并且父辈对子代人力资本的投资与所在地区经济发展水平没有线性关系。秦等（Qin et al.，2014）利用 1989～2009 年的 CHNS 数据研究发现，由教育和健康衡量的人力资本可以直接从一代传递给下一代；若包括人力资本代际传递的影响，中国的代际收入弹性将从 0.429 上升至 0.481，收入流动性降低，强调须加强弱势群体人力资本投资、增强机会平等化改革和提升劳动力市场有效性。鲁伊斯（Ruiz，2016）研究发现，机会平等、人才的有效配置和教育能够激励社会流动，减少父母的经济地位对子女的职业影响。

6.3

抽样调查设计

6.3.1　抽样方法

本章研究数据来自问卷调查（问卷见书后附录）。抽样调查方法为多阶段随机抽样方法。第一阶段，根据各地人口规模比例的入样概率在安徽省 16 个地市随机抽取了 23 个县级行政区划单位①；第二阶段，在各县中

---

　　① 铜陵市人口相对较少，理论计算分配不到名额，为了保持调查能够遍及各地级市，调查组将铜陵市枞阳县列为调查县之一。

选取 2 个代表性乡镇，共计 46 个乡镇；第三阶段，从每个乡镇中选取 1 个代表性行政村，再从每个行政村中随机抽取 15～25 户居民（根据具体村庄的大小确定抽样的户数），共计 900 户农村居民。在被抽中的调查户中，选择年龄在 18～50 岁（"70 后""80 后""90 后"人群）的外出务工人员作为此次调查的受访者。如果被访问的家庭外出务工人员不在调查现场则由其亲属代为受访；如果被访问的家庭无外出务工人员抑或外出务工人员不满足年龄要求，则顺延下一户替代。

6.3.2　样本量的确定和分布

本次调查共回收问卷 868 份，问卷回收率达 96.44%。在剔除回答不完整或信息相互矛盾的问卷后，实际有效问卷 808 份，其中：308 份为"70 后"外出务工人员问卷，258 份为"80 后"外出务工人员问卷，243 份为"90 后"外出务工人员问卷，有效问卷率达 89.78%。本次调查问卷涉及三个方面，即子代的基本情况、父辈情况和其他情况调查，共有 47 个问题。鉴于本书研究人力资本代际传递问题，设计变量如表 6 - 1 所示。

表 6 - 1　　　　　　　　　　　主要变量描述

调查	变量名称	变量定义
子代基本情况	性别（*gender*）	男性 = 1；女性 = 0
	年龄（*age*）	子代年龄（岁）
	婚姻状况（*married*）	已婚 = 1；未婚 = 0
	户口（*identity*）	农业户口 = 1；非农户口 = 0
	健康状况（*healthy*）	很不好 = 1；不太好 = 2；一般 = 3；比较好 = 4；很好 = 5
	受教育程度（*education*）	不识字 = 0；小学 = 6；初中 = 9；高中 = 12；中专 = 14；大专 = 15；本科及以上 = 16
	创业情况（*employ*）	是 = 1；否 = 0

调查	变量名称	变量定义
子代基本情况	参与选举情况（election）	是 = 1；否 = 0
	政治面貌（party）	党员 = 1；其他 = 0
	月收入情况（income）	子代月收入（元）
父辈情况	父亲受教育程度（educationf）	不识字 = 0；小学 = 6；初中 = 9；高中 = 12；中专 = 14；大专 = 15；本科及以上 = 16
	母亲受教育程度（educationm）	不识字 = 0；小学 = 6；初中 = 9；高中 = 12；中专 = 14；大专 = 15；本科及以上 = 16
其他情况	您现在的社会阶层（status）	最底层 = 1；中等偏下 = 2；中等 = 3；中等偏上 = 4；最顶层 = 5
	童年时期家的社会地位（status14）	最底层 = 1；中等偏下 = 2；中等 = 3；中等偏上 = 4；最顶层 = 5

调查样本中外出务工人员总数为 810 人，其中男性农民工占59.68%，女性占40.32%；外出务工人员中"70 后"为 318 人，占总样本的39.26%；"80 后"为 185 人，占总样本的22.84%；"90 后"为 299人，占样本的36.91%，其中"70 后"调查人数最多，样本年龄分布较为平均。关于样本中学历情况：子代中没受过教育的为占2.87%；小学学历占总样本的13.09%；初中学历水平为43.15%；高中学历水平为12.72%；中专为5.24%；大专为10.35%；本科及以上为14.59%，大部分为初中学历水平。关于样本中收入情况：月收入在 0～3 000 元占总样本人数的38.11%；月收入在 3 000～5 000 元占总样本人数的40.84%；月收入在 5 000 元以上占总样本人数的21.05%，被调查者中大部分收入在 3 000～5 000 元，大多数为中等收入。

由于本书研究涉及人力资本代际传递，父辈受教育水平需要关注。父辈中父亲的受教育水平大多数是小学和初中水平，占总人数的69.51%，其他为20.49%；而母亲大多数是未受过教育，其中小学及以下文化水平高达76.98%。女性受教育水平低下，且对女性受教育的重视程度也远远不够。从中可以看出，子代学历程度相对较高，母亲学历水平相对较低。子代大多数为高学历，而母亲多数为未受过教育水平，父亲则居中。

6. 4
父母人力资本对子女收入影响

6.4.1　人力资本代际传递

1. 父辈与子代受教育水平相关性分析

受教育水平与收入息息相关。不可否认的是，父辈所能提供的基因、环境、机会以及教育等因素会也在一定程度上决定子代的受教育水平。图 6 – 1 显示了父辈与子代受教育程度之间的关系。从图 6 – 1 中可以看出，子代受教育水平出现两个高峰，分别是初中和大学学历；而父亲受教育水平多集中于小学和初中文化程度，母亲多集中于小学文化程度。

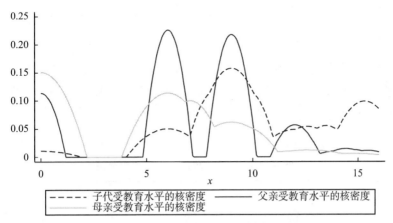

图 6 – 1　父辈与子代受教育水平的核密度示意

2. 受教育水平的 Oaxaca – Blinder 分解

利用 Oaxaca – Blinder 分解方法，可以计算出父母在多大程度上影响子女的收入。人力资本代际传递效应是否存在于人力资本拥有较高收益率背景下，转化为子女间的收入不平等？人力资本代际传递中不能解释的部分会占总差异的比重为多少？在接下来的论述中，将会作更详细的解释。按照受教育年限，可将人群分为两部分，即初中及以下群体和高中及以上群体。差异可以分解为两部分：一是由人力资本特征差异解释的部分；二是人力资本特征差异不能解释的部分即歧视差异。同时，将父亲与母亲分开进行讨论，这样可以避免因婚姻同质性所带来的共线性问题。如下所示为：

$$\overline{D} = \ln income_h - \ln income_l = (\overline{X}_h - \overline{X}_l)'\beta_h + \overline{X}_l(\beta_h - \beta_l) \qquad (6-1)$$

表 6 – 2 显示了父辈受教育水平的 Oaxaca – Blinder 分解结果。从中看出：父亲受教育水平越高，对子女受教育水平的影响也会越大。若父亲受教育水平为初中及以下，其对子代教育的影响系数为 10.25；若父亲受教育水平为高中及以上，则对子代教育的影响系数为 13.39，差异为 3.14。而母亲受教育程度越高，其对子代的影响也会越大。初中及以下学历的影响系数为 10.51；高中及以上学历为 13.33，差异为 2.82。因此，父亲受教育年限增加的 1.05 为特征差异，约占总差异的 46.26%。而系数差异为 2.09，占总差异的 53.74%；比较而言，子代受到母亲的影响较大，其特征差异占到总差异的 73.92%。总而言之，子代受教育水平与父辈文化程度紧密相关。

表 6 – 2　　　　　　　　父辈受教育水平的 Oaxaca – Blinder 分解

子代工资差异	父亲		母亲	
	系数	百分比（%）	系数	百分比（%）
初中及以下	10.25	33.42	10.51	12.20
高中及以上	13.39	66.58	13.33	87.80

子代工资差异	父亲		母亲	
	系数	百分比（%）	系数	百分比（%）
特征差异	1.05	46.26	2.47	73.92
系数差异	2.09	53.74	0.34	26.08
总差异	3.14	100	2.82	100

6.4.2　受教育水平对收入的影响

1. 明瑟（Mincer，1972）方程构建

根据明瑟方程，收入与人力资本之间的关系可以如下表示：

$$\ln(income_i) = X'\beta + \mu_i \tag{6-2}$$

其中，$\ln(income)$ 为收入的对数，X 代表人力资本变量（通常以受教育年限衡量），β 为待估计的参数，μ 为误差项。

根据 2016 年综合经济发展水平，可以将安徽省 16 个地市分为四类，其中：一类经济发展水平最高，为合肥；二类经济发展水平较高，为芜湖、蚌埠和马鞍山；三类经济发展水平一般，为滁州、安庆、铜陵、黄山、淮南和淮北；四类经济发展水平较低，为阜阳、池州、宣城、宿州、亳州和六安。根据上述分类，对调查样本进行描述统计，结果如表 6-3 所示。

表 6-3　　　　　　　平均受教育程度和劳动报酬

地区	平均受教育程度			劳动报酬（元/月）		
	样本数	平均值	标准差	样本数	平均值	标准差
一类地区	62	11.80	3.58	60	7 041.00	19 244.15
二类地区	59	10.93	3.89	59	4 927.12	3 568.00

续表

地区	平均受教育程度			劳动报酬（元/月）		
	样本数	平均值	标准差	样本数	平均值	标准差
三类地区	339	10.84	3.57	338	4 355.80	2 889.91
四类地区	348	10.11	3.90	348	3 125.56	6 483.02

根据表 6-3 可以发现，无论是平均受教育程度抑或是劳动报酬，从高到低排序为：一类城市、二类城市、三类城市、四类城市。安徽省的平均受教育年限全部大于 9，意味着大多数人的教育程度为初中学历以上，这也契合了国家九年义务教育的目标。而劳动报酬，一类地市合肥的平均收入是四类地市的近 2 倍，地域之间的收入差距也较为明显。收入差距是否与受教育水平紧密相关？下面将作进一步研究。

2. 不同学历水平的基准回归

构建明瑟收入方程如下所示：

$$\ln(income_i) = \alpha_0 + \alpha_1 Edu_i + \sum \lambda_j X_i + \mu_i \qquad (6-3)$$

式（6-3）中，$\ln(income)$ 为月平均工资性收入的对数，Edu 为受教育程度，X 为控制变量，包括：年龄（age）、性别（$gender$）、婚姻状况（$married$）、健康状况（$healthy$）、户籍（$identity$）等，μ 为误差项。为了数据的平稳性，本书剔除了月工资的极端异常值。受教育程度以受教育年限表示[①]。为了探究受教育程度的高低对个人收入的影响，将学历状况分为初中及以下和高中及以上两个样本来进行对照回归。OLS 回归模型如表 6-4 所示。

从表 6-4 回归结果可以看出：

---

① 根据中国目前各教育阶段的年限，将文化程度转化为受教育年限。其中：小学为 6 年，初中为 9 年，高中为 12 年，中专为 12 年，大专为 15，大学本科及以上为 16 年。

表 6 – 4　　　　　　　　　　　不同学历水平的 OLS 回归

变量名	模型（1）全样本	模型（2）初中及以下	模型（3）高中及以上
education	0.0191 *** (0.0056)	0.0201 * (0.0106)	0.0468 *** (0.0169)
gender	0.3060 *** (0.0344)	0.3444 *** (0.0450)	0.2442 *** (0.0534)
lnage	0.0040 (0.0440)	− 0.0464 (0.0557)	0.1101 (0.0742)
married	0.1315 *** (0.0508)	0.1337 (0.0867)	0.1252 * (0.0696)
identity	0.0073 (0.0490)	0.0772 (0.0788)	− 0.0325 (0.0622)
healthy	0.0467 ** (0.0193)	0.0232 (0.0241)	0.0957 *** (0.0323)
employ	0.0933 *** (0.0181)	0.0835 *** (0.0230)	0.1249 *** (0.0300)
election	0.0834 *** (0.0287)	0.1030 *** (0.0374)	0.0635 (0.0447)
Constant	7.2682 *** (0.3292)	7.6157 *** (0.4124)	5.9789 *** (0.5892)
Observations	795	454	341
R^2	0.1972	0.2069	0.2071

　　注：① *** 、 ** 、 * 分别表示在 1%、5% 和 10% 的显著性水平上显著；②括号内数字为标准误。

　　第一，模型（1）为全样本回归结果。首先，受教育年限每增加 1 年，月收入平均增长 1.9 个百分点，且在 1% 的显著性水平上显著。在控制变量中，男性收入明显高出女性收入 30.6%。性别差异造成的收入差距也是重要因素之一，劳动力市场中对女性存在歧视的现象仍然严峻。其次，健康状况也影响收入的重要变量，身体素质越好的劳动者可以获得越高的收入。此外，由表6-4也可以发现，创业与收入紧密相关，创业可以提高个人收入。

第二，模型（2）和模型（3）为分样本回归结果。对比发现，较低学历组中，学历对于收入的影响程度为0.0201，且不显著；较高学历组中，学历对于收入的影响程度为0.0468，且在1%的显著性水平上显著。因此，学历越高，收入也就越高；学历越低，收入也就越低。提高人力资本有助于促进收入增长。

3. 分位数回归

一般来说，教育程度低的人收入水平也相对较低，而教育程度高的人收入水平相对较高。为了进一步验证，可进行分位数回归，以观察在不同的收入水平下，受教育水平对收入的影响。构建回归模型如下：

$$Q_\tau\big[\ln(income_i)\,|\,X\big] = \beta_0^\tau + \beta_1^\tau edu_i + \beta_2^\tau gender_i + \beta_3^\tau age_i + \sum_j \beta_{4j}^\tau X_j + u_i$$

$$(6-4)$$

估计结果如表6-5所示，从中可以看出：受教育水平差距会加剧收入差距。在低收入人群（如收入位于10%分位点）中，教育对收入的影响仅为0.56%，而在高收入人群（如收入位于90%分位点）中，教育对其收入的影响为2.01%。随着收入水平的提高，受教育水平对于收入的边际贡献越来越大，说明，教育不平等能够加剧收入不平等，呈现"富者更富，贫者更贫"的"马太效应"。"读书无用论"可以不成立。

表6-5　　　　　　　　　　　分位数回归

变量名	(1)	(2)	(3)	(4)	(5)	(6)
	OLS	QR_10	QR_30	QR_50	QR_70	QR_90
education	0.0164 ** (0.0065)	0.0056 *** (0.0083)	0.0154 ** (0.0066)	0.0164 ** (0.0065)	0.0185 ** (0.0063)	0.0201 ** (0.0090)

续表

变量名	(1) OLS	(2) QR_10	(3) QR_30	(4) QR_50	(5) QR_70	(6) QR_90
gender	0.3157 *** (0.0402)	0.3045 *** (0.0532)	0.2792 *** (0.0415)	0.3157 *** (0.0402)	0.3122 *** (0.0390)	0.3110 *** (0.0503)
lnage	−0.0195 (0.0514)	0.0460 (0.0686)	−0.0101 (0.0523)	−0.0195 (0.0514)	−0.0425 (0.0494)	−0.0181 (0.0627)
married	0.1229 ** (0.0593)	0.1295 * (0.0715)	0.0906 (0.0595)	0.1229 ** (0.0593)	0.1609 *** (0.0584)	0.1635 ** (0.0778)
identify	0.0175 (0.0572)	0.1051 (0.0757)	0.0265 (0.0591)	0.0175 (0.0572)	−0.1100 ** (0.0552)	0.0391 (0.0670)
healthy	0.0437 * (0.0225)	0.0449 (0.0316)	0.0539 ** (0.0231)	0.0437 * (0.0225)	0.0568 ** (0.0221)	0.0424 (0.0291)
employ	0.0726 *** (0.0212)	0.0597 * (0.0329)	0.0833 *** (0.0226)	0.0726 *** (0.0212)	0.0813 *** (0.0211)	0.1304 *** (0.0281)
election	0.0586 * (0.0336)	0.0029 (0.0422)	0.0745 ** (0.0347)	0.0586 * (0.0336)	0.0622 * (0.0329)	0.0926 ** (0.0408)
Constant	7.5328 *** (0.3852)	6.5058 *** (0.5252)	7.2303 *** (0.3891)	7.5328 *** (0.3852)	7.9171 *** (0.3711)	7.8165 *** (0.4658)
Observations	795	795	795	795	795	795

注：① ***、**、* 分别表示在1%、5%和10%的显著性水平上显著；②括号内数字为标准误。

6.5

家庭状况对子女收入影响

6.5.1　父辈对子代社会地位的影响

上述研究验证了子代的收入与受教育水平息息相关，受教育水平越高则收入越高。同时，子代的受教育水平除了自身努力程度外，与父辈所提供的智力、基因以及人力资本也是密不可分的。除此之外，父辈的社会资本等也会对子女的收入产生影响。

图6-2为主观法测量的本人社会地位与被调查者童年时期的家庭社会地位，从中可以看出，农村地区子代社会地位相对于童年时期的家庭社会地位有较大提升，反映了我国农村居民社会流动性在增强。

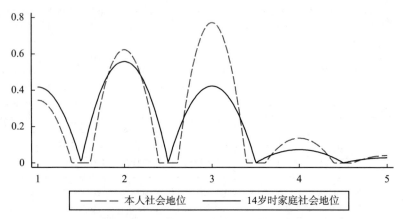

图6-2　子代与童年家庭地位的社会地位代际关系核密度曲线

图6-3为客观法测量的本人社会地位与童年时期父亲的社会地位。从中可以看出，在社会地位值高于31时，子代的社会地位高于父亲社会地位的概率更大，说明相对父亲，子代的社会地位显著提高了。图6-4为客观测量的本人社会地位与童年时期母亲的社会地位，同样可以发现在社会地位值为36及以上时，子代的社会地位显著好于母亲。

图6-2~图6-4直观地反映了我国农村子代的社会地位相对童年时的家庭社会地位、父母的社会地位均有了显著提高，说明我国农村地区的社会流动性在不断增强。

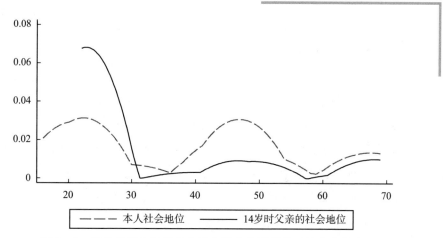

图 6 - 3　子代与童年时期父亲社会地位的代际关系核密度曲线

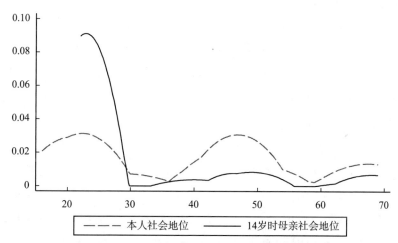

图 6 - 4　子代与童年时期母亲社会地位的代际关系核密度曲线

6.5.2　家庭社会地位的测量

对社会成员在社会系统中所处的位置进行衡量的方法，主要有：职业、收入、社会地位等指标。相对于前两者，社会地位包含了财富、声望及权利等多个维度。但由于社会地位所包含的各个维度很难具体量化、测算，因此从社会地位角度进行代际关系研究的文献仍凤毛麟角。本次调查，课题组采用了主观与客观相结合的方法测算调研对象所处的社会地位，并在此基础上进行实证分析，以确保实证分析结果具有稳健性。

1. 主观测量法

课题组在设计问卷时，参考 CGSS 和 CLDS 问卷的设计方法，使用 1 ~ 5 的数字代替调查对象自我判断的社会地位；其中，1 代表社会最底层，5 代表社会最顶层，数字越大表示社会地位越高。被调查者需要对其当前所处的社会地位，童年（问卷以 14 岁代替）时家庭所处的社会地位进行打分。主观测量法所得的数值为 1 ~ 5 的离散变量。

2. 客观测量法

目前，对社会成员的社会地位进行客观测量使用最多的方法是国际社会经济地位指数（international economic index，ISEI），主要是基于职业对社会地位进行计算。布劳和邓肯（Blau and Duncan，1967）以各个职业的教育水平与平均收入乘以相应的权数为基础设计 ISEI 的计算公式。之后，甘泽布姆（Ganzeboom et al.，1992）对该计算方法进行了改进。该指标基于多种经济因素对社会地位进行赋值、排序，因而其计算结果为客观社会地位（李强，2005）。课题组也采用 ISEI 对调查对象的社会地位进行客观衡量。在问卷中，本书设计了相应的问题对被调查者当前的职业、14 岁时父母职业进行询问。在具体的数据处理过程中，使用了 Stata 程序将被调查者及其 14 岁时父母的职业 ISCO - 88 代码转化为 ISEI 值，得到 16 ~ 69 的离散型变量。

接下来，实证研究安排为：首先，使用主观法测算的社会地位进行实证分析，被解释变量为被调查者本人对自己现在所处的社会地位的评判，核心解释变量主要有 14 岁时父母的社会地位及父母的受教育程度。其中，对于 14 岁时父母的社会地位，鉴于被调查者的回忆，地位与当时其父母的真实社会地位可能存在一定的偏差，我们使用 ISEI 值进行代替。其次，使用客观法所测算的社会地位指数做稳健性检验。

当使用主观法测量社会地位时，构建计量模型对影响子代社会地位的代际因素进行分析，具体如下：

$$status_i = \alpha_0 + \alpha_1 X_i + \alpha_2 age_i + \alpha_3 age_i^2 + \alpha_4 gender_i + \alpha_5 income_i + \varepsilon_i \quad (6-5)$$

式（6-5）中，$X_i = [\,statusf14,\ educationf,\ sattusm14,\ educationm\,]$ 为影响子代社会地位的核心影响因素；参照已有研究成果，模型中也添加了常见的控制变量，如年龄（age）、性别（$gender$）、收入（$income$）。为了控制可能存在的非线性影响，参照一般文献的做法，引入了年龄的二次方项。为了尽可能全面反映影响子代社会地位的因素，减少遗漏变量，引入更多控制变量：被调查者的学历（$education$）、健康程度（$health$）、党员身份（$party$）。

当使用客观法测量社会地位时，构建如式（6-6）的计量模型进行回归分析：

$$ISEI\_self_i = \alpha_0 + \alpha_1 X_i + \alpha_3 age_i + \alpha_4 age_i^2 + \alpha_5 gender_i + \alpha_6 income_i$$
$$+ \alpha_7 education + \alpha_8 health + \alpha_9 party + \varepsilon_i \quad (6-6)$$

式（6-6）中，被解释变量 $ISEI\_self_i$ 为被调查者的社会经济地位指数，其他解释变量的含义同式（6-5）。

3. 基本估计结果

首先，使用普通最小二乘法（OLS）对式（6-5）衍化的各模型进行估计。以父亲、母亲在子代童年（14）岁时的社会地位及受教育情况作为核心解释变量进行回归，这种做法类似于逐步回归，可以更清晰地考察父辈的各因素对子代社会地位的影响。其次，又以父母的社会地位、受教育情况等分别作为一组解释变量进行回归。具体结果如表 6-6 所示。

表 6-6　　　　最小二乘法估计结果（主观法测量子代社会地位）

status	模型（1）	模型（2）	模型（3）	模型（4）	模型（5）	模型（6）
$statusf14$	0.0048** (2.33)				0.0018 (0.76)	

status	模型（1）	模型（2）	模型（3）	模型（4）	模型（5）	模型（6）
educationf		0.1079 *** (3.54)				0.0675 ** (1.99)
*statusm*14			0.0085 *** (3.32)		0.0073 ** (2.51)	
educationm				0.1378 *** (3.91)		0.1045 *** (2.65)
age	0.0054 (1.54)	0.0088 ** (2.26)	0.0068 * (1.79)	0.0117 *** (2.89)	0.0068 * (1.80)	0.0128 *** (3.13)
age^2	− 0.0001 (− 1.62)	− 0.0001 ** (− 2.41)	− 0.0001 ** (− 1.96)	− 0.0001 *** (− 3.04)	− 0.0001 ** (− 1.97)	− 0.0001 *** (− 3.27)
gender	− 0.1336 * (− 1.77)	− 0.1290 * (− 1.72)	− 0.1352 * (− 1.79)	0.0750 (0.100)	− 0.1378 * (− 1.82)	− 0.1248 * (− 1.66)
income	0.0001 *** (6.00)	0.0001 *** (6.04)	0.0001 *** (6.03)	0.0001 *** (6.10)	0.0001 *** (5.98)	0.0001 *** (6.08)
constant	2.0637 *** (12.63)	1.8340 *** (9.98)	1.9317 *** (11.31)	1.7459 *** (9.31)	1.9079 *** (10.97)	1.6094 *** (8.11)
oberstion	796	796	796	794	793	791

注：①括号内为 t 值；② *** 、 ** 、 * 分别表示在 1% 、 5% 、 10% 的水平上显著。

根据表 6 - 6 可知：

第一，考察子代 14 岁时父亲的社会地位以及受教育程度对子代的影响。由模型（1）和模型（2）可知，14 岁时父亲的社会地位影响在 5% 的水平上显著为正，父亲的受教育程度影响在 1% 的水平上显著为正。以上结果说明了父亲在子代童年时期的社会地位及父亲受教育程度对子代的社会地位具有显著正向影响。

第二，考察子代 14 岁时母亲的社会地位以及受教育程度对子代的影响。模型（3）、模型（4）表明母亲的受教育程度与母亲在子代童年时期的社会地位对子代当前的社会地位的影响也是显著为正的。以父亲与母亲在子代童年时期的社会地位为被解释变量，如模型（5）所示，进行实证分析发现，此时母亲对子代的社会地位仍然存在显著的正向影响，而父亲对子代的影响则不再显著。这可能是由于父亲与母亲在子代童年时期的社会地位存在一定的相关关系所致。中国自古以来就有"门当户对"之说①，导致可能存在一定的多重共线性，使得父亲的社会地位对子代的影响不再显著。

第三，对于控制变量的讨论。年龄对被调查者的社会地位均存在显著的倒"U"型影响。性别的系数在所有模型中均显著为负，表明男性被调查者对自身社会地位评价更低。收入在所有模型估计中均显著为正，说明收入越高的被调查者自我评价的社会地位也越高。

6.5.3　Ordered Probit 模型估计

在式（6-5）的基础上加入更多的控制变量，尽可能减少遗漏变量导致的偏误。新的模型中父母在子代童年时期的社会地位及父母的受教育情况在子代当前的自我评估社会地位中仍然起着积极的正向作用，其中，父亲社会地位的系数显著为 0.0036，母亲社会地位的系数为 0.0074。父母受教育情况的影响均显著为正。

在控制变量的估计结果中，原有控制变量的回归结果与表 6-6 基本保持一致，新增加的控制变量被调查者的学历、身体健康状况等均显著为正，说明学历越高、身体越健康自我社会地位评估越高。当考察被调查者的政治身份是否为中共党员时，估计表明该变量并未通过显著性检验。

由于调查所设置的自评社会地位为数值 1~5 的离散变量，因此，也可通过构建 Ordered Probit 模型对上述结果进行进一步检验。在具体的回归结果中，被调查者童年时期父亲的社会地位、母亲的社会地位均显著为正，分别为 0.0042 与 0.0089。父亲与母亲的受教育程度的影响也均显

---

① "门当户对"出自明代汤显祖的《牡丹亭·圆驾》。

著，分别为 0.0785、0.1267。比较而言，母亲对于子女的影响相对较大。在所有控制变量中，政治身份是否为党员仍然没能通过显著性检验。

6.5.4 两阶段最小二乘估计 (2SLS)

前文研究了父母主要通过自身的社会地位及受教育情况等影响子代的社会地位。但对子代社会地位的影响还包括很多其他因素，如生物遗传基因带来的孩子的能力与健康水平，子代的成长环境带来的性格、偏好问题等；甚至父辈能否为子代建立裙带关系、暗箱操作等都成为影响子代社会地位的重要因素。如果不考虑这些父母以外的影响因素，计量模型将面临严重的内生性问题。

内生性问题的常用解决方法就是使用工具变量法进行两阶段最小二乘估计。使用"父亲是否受过教育"与"母亲是否受过教育"两个虚拟变量作为工具变量，利用两阶段最小二乘法进行回归分析，得到如表 6 - 7 所示结果。

表 6 - 7　　两阶段最小二乘估计结果 (基于主观法测量的社会地位)

变量	模型 (1)	模型 (2)	模型 (3)	模型 (4)	模型 (5)	模型 (6)
*statusf*14	0.0036 * (1.75)				0.0008 (0.34)	
educationf		0.0667 ** (2.14)				0.0348 (1.02)
*statusm*14			0.0073 *** (2.93)		0.0069 ** (2.40)	
educationm				0.1058 *** (3.00)		0.0905 ** (2.33)
age	0.0162 *** (3.86)	0.0175 *** (4.14)	0.0173 *** (4.14)	0.0203 *** (4.66)	0.0173 *** (4.10)	0.0204 *** (4.69)

续表

变量	模型（1）	模型（2）	模型（3）	模型（4）	模型（5）	模型（6）
age^2	-0. 0001 *** （-4. 02）	-0. 0001 *** （-4. 29）	-0. 1812 ** （-2. 42）	-0. 0001 *** （-4. 81）	-0. 0001 *** （-4. 26）	-0. 0001 *** （-4. 83）
gender	-0. 1801 ** （-2. 40）	-0. 1728 ** （-2. 30）	-0. 1812 ** （-2. 42）	-0. 1698 ** （-2. 27）	-0. 1824 ** （-2. 42）	-0. 1683 ** （-2. 24）
income	0. 0001 *** （5. 53）	0. 0001 *** （5. 56）	0. 0001 *** （5. 53）	0. 0001 *** （5. 63）	0. 0001 *** （5. 51）	0. 0001 *** （5. 64）
education	0. 0943 *** （4. 17）	0. 0884 *** （3. 83）	0. 0918 *** （4. 10）	0. 0883 *** （3. 91）	0. 0910 *** （4. 02）	0. 0837 *** （3. 62）
healthy	0. 0988 *** （2. 76）	0. 0901 ** （2. 53）	0. 1006 *** （2. 86）	0. 0913 ** （2. 59）	0. 1002 *** （2. 80）	0. 0873 ** （2. 45）
party	-0. 0062 （-0. 05）	-0. 0065 （-0. 050）	-0. 0008 （-0. 01）	-0. 0106 （-0. 09）	0. 0009 （0. 01）	-0. 0103 （-0. 08）
constant	1. 0256 *** （4. 03）	0. 9837 *** （3. 84）	0. 8950 *** （3. 48）	0. 8539 *** （3. 27）	0. 8920 *** （3. 44）	0. 8259 *** （3. 13）
obveration	795	795	795	794	792	791
Wald X^2	86. 58	252. 80	87. 35	87. 19	86. 44	87. 79

注：①括号内为 z 值；② *** 、 ** 、 * 分别表示在 1%、5%、10% 的水平上显著。

在表 6-7 中，当单独将父亲或母亲在子代童年时期的社会地位作为核心解释变量，其系数分别为 0. 0036、0. 0073，均显著为正；当将父亲或母亲的受教育情况作为核心解释变量时，*educationf* 的系数为 0. 0667，*educationm* 的系数为 0. 1058。将父亲和母亲的社会地位共同作为核心解释变量，其模型（5）依然是母亲的社会地位能够显著促进子代的社会地位，父亲的社会地位虽仍然未能通过显著性检验，但其系数却显著为正。把父母的受教育情况同时作为核心解释变量的模型（6）和模型（5）的结论类似，母亲的受教育情况对子代社会地位的影响为显著正向；父亲的受教育情况仍未能通过显著性检验。

在控制变量中，政治身份仍然未能通过显著性检验，但其他控制变量在6个模型中皆通过显著性检验，说明引入工具变量，减小了内生性问题，改善了各模型的回归结果。最终验证了父辈的社会地位与受教育水平显著促进子代的社会地位提升，说明我国农村地区社会流动性趋于上升。

6.5.5 稳健性检验

为避免主观自评带来的测量误差对报告实证结果造成的影响，本书进一步使用国际社会经济指数（ISEI）值代替被调查者自我评估的社会地位作为模型的被解释变量，进行稳健性检验。估计方法仍然使用两阶段最小二乘估计法，估计结果如表6-8所示。

表6-8 两阶段最小二乘估计结果（基于客观法测量的社会地位）

变量	模型（1）	模型（2）	模型（3）	模型（4）	模型（5）	模型（6）
$statusf14$	0.0971*** (2.67)				0.0753* (1.82)	
$educationf$		1.6977*** (3.10)				1.2916** (2.15)
$statusm14$			0.0935** (2.10)		0.0510 (1.01)	
$educationm$				1.6606*** (2.66)		0.9897 (1.45)
age	0.1377* (1.86)	0.1721** (2.31)	0.1547** (2.09)	0.2028*** (2.64)	0.1470** (1.98)	0.2045*** (2.67)
age^2	-0.0001* (-1.74)	-0.0001** (-2.18)	-0.0001** (-1.96)	-0.0001** (-2.51)	-0.0001* (-1.86)	-0.0001** (-2.53)
$gender$	6.2623*** (4.74)	6.4515*** (4.89)	6.1164*** (4.62)	6.2572*** (4.74)	6.2629*** (4.73)	6.5166*** (4.93)
$income$	0.0002*** (3.00)	0.0003*** (3.16)	0.0002*** (3.09)	0.0003*** (3.19)	0.0002*** (2.98)	0.0003*** (3.18)

续表

变量	模型（1）	模型（2）	模型（3）	模型（4）	模型（5）	模型（6）
education	2.1959 *** (5.52)	2.0556 *** (5.07)	2.2835 *** (5.78)	2.1980 *** (5.52)	2.1761 *** (5.47)	2.0197 *** (4.97)
healthy	1.6603 *** (2.64)	1.4289 ** (2.29)	1.6023 ** (2.58)	1.4850 ** (2.39)	1.7433 *** (2.77)	1.4603 ** (2.33)
party	1.7109 (0.79)	1.9676 (0.92)	2.0671 (0.96)	1.9470 (0.91)	1.7851 (0.83)	1.9437 (0.91)
constant	10.6721 ** (2.39)	9.6811 ** (2.15)	10.4258 ** (2.30)	9.1080 ** (1.98)	9.3169 ** (2.04)	7.7389 * (1.67)
obveration	796	796	796	795	793	792
Wald X^2	125.08	130.29	125.51	128.22	127.89	133.73

注：①括号内为 z 值；② *** 、 ** 、 * 分别表示在 1%、5%、10% 的水平上显著。

　　从表 6 - 8 中模型（1）与模型（5）可以发现，父亲的社会地位对子代的客观社会地位仍然起着显著的正向促进作用；母亲的社会地位在模型（3）中也起到了显著促进作用，在模型（5）中未能通过显著性检验，但其值为正。父亲的受教育程度对子代的客观社会地位具有正向促进作用，在模型（2）与模型（6）中父亲受教育程度的影响系数分别为 1.6977、1.2916；母亲的受教育程度在模型（4）中的系数为 1.6606，且非常显著。这说明母亲的受教育程度显著正向影响了子代的客观社会地位。其他控制变量的回归结果与主观法也大体相同，但性别对被调查者的社会地位却产生了相反的影响。在客观法测量被调查者的社会地位时，性别能够显著促进被调查者社会地位的提高。这可以解释为在我国当前的工作体制中，男性工作年限较长，退休年龄相对女性也晚 5 年左右，且无须休产假等。因此，男性在更容易受到用人单位的青睐。

　　综上分析，基于主观法与客观法测量的被调查者社会地位所进行的实证结果具有高度一致性。由此可见，本书所得到的结论是可靠的、稳健的。进而可以发现，当今我国农村地区的社会流动性具有上升趋势，这与阳义南和连玉君（2015）的研究相一致。

6.6

本章小结

　　中央全面深化领导改革小组提出的《乡村教师支持计划（2015～2020年)》里，特别强调发展乡村教育，让每个乡村孩子都能接受公平、有质量的教育，阻止贫困现象代际传递。人力资本代际传递效用在收入差距上发挥着同等重要的作用，尤其是对受过高等教育父母的家庭来说。人力资本代际传递可以视为衡量社会公平的一个重要指标，越来越受到人们的高度关注。中国社科院一项调查表明，越贫穷越认同"读书无用论"[①]。这将使得缺乏知识武装的子代又将步入父辈的命运，"脱贫"变得遥不可及。本书基于人力资本代际传递视角研究发现：收入较高的群体中父辈人力资本代际传递所起的作用更加显著，子辈在代际间等级向上流动的趋势更具优势；母亲的受教育水平对子代贫富差距的影响更加深远。

　　降低"马太效应"的关键在于发挥人力资本的作用。要重视代际传递的可塑性，重新认识教育对于促进社会公平所承担的重要角色。目前出现的"富二代"以及"寒门难出贵子"现象，一个可能的解释是：差别化的人力资本代际传递阻碍了家庭地位的向上流动，父辈不重视教育导致子代亦不重视教育，进而导致贫穷的累积。为了最大限度地实现"机会均等"，缩小贫富差距刻不容缓，加大对教育以及人力资本投入显得愈发重要。

　　基于研究结论，本书总结提出以下建议：

　　（1）加大教育投入，夯实教育水平。消除区域教育不平等，尤其要加大基础教育投入。父辈的受教育程度对子女有着积极的影响，对于农村地区的贫困家庭而言，这种影响显得更为重要。因此，给予贫困家庭资金

---

　　① 李涛，邬志辉. 别让新"读书无用论"撕裂乡土中国——对中国西部一个偏远村落的实证调查［J］. 中国青年报，2015－08－03.

支持以让孩子接受更多更完善的教育，增加子代的人力资本积累，使其顺利完成基础教育，并继续提高受教育水平。

（2）重视女性教育，提高代际流动。通过上述研究，已经知道女性受教育年限在农村地区相对偏低，投资女性教育可以获得更长远的收益，这是因为子代可以从一个受过良好教育的母亲处获得更多额外收益。为此，须改革社会落后观念，强化女性人力资本投资，完善劳动力市场结构，提高女性教育投资回报率。

（3）完善保障机制，提高教育普及率。完善社会保障机制，让贫困家庭的子女有学可上，避免由于缺乏资金而过早流入劳动力市场。提高贫困家庭子女接受公平教育和高质量教育的机会，从而增加向上流动的可能性。

（4）缩小贫富差距，提高人力资本投资。采用税收、补贴等收入再分配方式，以及降低低收入人群贷款成本，完善信贷机制，平滑家庭收入和消费，缓解低收入家庭面临的信贷约束，缩小贫富差距，促进低收入家庭对于子女的人力资本投资。

除此以外，还需要考虑：一是要打破户籍制度壁垒，实现劳动力自由流动；二是重视教育的代际传递性，维护公平教育以及教育机会的均等化，从根源上解决我国居民收入的"马太效应"。这对于实现党的十八届五中全会提出的"机会均等、勤劳致富"及中华民族伟大复兴的"中国梦"都有着十分重要的现实意义。

第 7 章

城乡共同富裕的制度壁垒：
二元体制

党的十八届三中全会通过的《中共中央关于全面深化改革若干重大问题的决定》提出了深化城乡一体化改革，并认为城乡二元体制是制约改革的主要障碍。《中共中央关于制定国民经济和社会发展第十四个五年规划和二〇三五年远景目标的建议》（2020 年 10 月 29 日中国共产党第十九届中央委员会第五次全体会议通过）中指出，深化户籍制度改革，推进以人为核心的新型城镇化。以户籍制度为核心的城乡二元体制若得不到消除，势必会扩大城乡人力资本的积累差距，从而影响城乡共同富裕。本章将对于城乡二元体制进行深入讨论。

7.1
城乡二元体制的历史由来

为贯彻落实党的十八大关于全面深化改革的战略部署，党的十八届三中全会研究了全面深化改革的若干重大问题，通过了《中共中央关于全面深化改革若干重大问题的决定》（以下简称《决定》）。《决定》中将健全城乡发展一体化体制机制作为一项重要的改革内容。《决定》指出了城乡二元结构是制约城乡发展一体化的主要障碍。城乡二元体制饱受诟病，时至今日仍难以打破，其中缘由不乏学术讨论（厉以宁，2008）。然而，与以往研究不同的是，本书将从制度经济学，尤其是巴泽尔

（1997）和诺思（2008）的分析范式来理论阐释这个问题，能更加厘清问题的本质。

　　城乡二元体制的形成可以追溯到 20 世纪 50 年代。1958 年 1 月 9 日，经全国人大常委会讨论通过，毛泽东签署一号主席令，颁布《中华人民共和国户口登记条例》，以法律形式严格限制农民向城市流动，在城乡间构筑藩篱。正是由于 20 世纪 50 年代后期计划经济体制的确立以及户籍被划分为城镇与农村户籍，城乡二元体制形成（厉以宁，2008）。城乡二元体制是服务于计划经济的一种制度安排，初期是为了促进我国重工业化发展的战略需要（林毅夫，2010），但是后来却成为制约我国经济社会发展的阻碍力量，构筑成今日难以逾越的城乡制度壁垒。在城乡二元体制下，城乡居民的权利是不平等的，机会也是不平等的。在某种意义上，农民处于"二等公民"的位置（厉以宁，2008）。在日益改革开放的中国，这种不平等状态不会成为常态，而终究是要被抛弃的。但消除城乡制度壁垒需要付出巨大的社会改革成本（张国胜，2009；国务院发展研究中心课题组，2011；魏后凯，2013），任重而道远。接下来，本书将理论分析城乡二元体制对于当代农民的影响以及城乡二元体制为何能保持一定的稳定性，破解二元体制"藩篱"之谜。厘清这些问题对于我们清醒认识和深刻理解城乡二元体制改革的紧迫性和艰巨性有着重要的现实意义。

7.2

城乡二元体制的主要表现

　　阿瑟·刘易斯（1983）指出，制度是促进还是限制经济增长，要看它对人们的努力是否加以保护；要看它为专业化的发展提供多少机会和允许有多大的活动自由。道格拉斯·C. 诺思（2008）认为制度是一个社会的博弈规则，或者更规范地说，它们是一些人为设计、形塑人们互动关系的约束；制度在社会中的主要作用，是通过建立一个人们互动的稳定（但不一定是有效的）结构来减少不确定性。可以看出，刘易斯强调的是制度激发人们在经济活动中的活力，诺思强调的是制度规范人们的互动行为，最大可能地降低人们在经济活动中的不确定性，减少交易费用。

我国城乡二元体制表现为一系列城乡制度壁垒对于农村生产要素的非农流动和自由配置的限制。户籍制度壁垒阻碍了农村居民的非农转移、平等就业以及社会福利共享等（周世军等，2011；周世军等，2012）。制度壁垒束缚了农村居民的自由发展，增加了他们参与经济活动的交易费用。只有在没有交易费用的情况下，新古典范式所暗含的配置结果才有可能达到，而当交易费用为正时，产权结构会改变资源配置。在现实世界中，交易费用是必然存在的，其大小是由衡量（测度）成本（measurement costs）和实施成本（enforcement costs）共同决定（诺思，2008）。而衡量成本①往往很高，从而对资源配置产生了重要影响。制度为交换提供结构，它决定了交易费用和转型成本。制度能在多大程度上解决协调与生产问题，取决于参与者的动机、环境的复杂程度，以及参与者辨识与规范环境（衡量与实施）的能力。当交换的成本以及不确定性较高时，非专业化是一种保险的方式。而专业化程度越高，有价值的特质的数量就越多、可变性越强，就越是需要借助可靠的制度，来支撑个人从事复杂的契约行为，并使条款执行上的不确定性降到最低（诺思，2008）。农村居民非农就业面临着高额的交易费用，而其交易费用又主要表现在衡量成本上。如今，大量农村剩余劳动力到城里来打工。但有很多人找不到自己满意的工作，或者压根儿就找不到工作，而找到工作的人大多是靠老乡或者熟人介绍。

上述事例说明城乡二元体制造成了农民工就业过程中的信息不对称，

---

① 对于衡量成本，诺思（2008）做了如下描述："商品、服务以及代理人的表现，均具有多种属性，且属性层次的高低随样本或代理人的不同而不同；高昂的成本使得对这些层次的衡量不可能是全面的或完全精确的；辨识每一个交换单位的各种属性之层次高低所需的信息成本，是这种意义上的交易费用的根源。"巴泽尔（1997）认为高昂的测度成本阻碍了对资产所有属性的明确界定，从而造成了产权不可能绝对明晰，并将"可变性"定义为属性的不确定性，认为可变性是内生于资产本身及交易过程。

其具体表现在以下两个方面：一是用工单位对于务工农民的自身素质和能力难以衡量，甄别比较困难。与大学生接受正规教育的经历相比，务工农民并没有很强的信号显示。尽管有些农民工的素质和能力都很强，但用工单位一般只愿意提供相对较低的职位给他们。户籍歧视造成了务工农民一般从事一些职位较低的非技术管理类岗位。从交易费用角度来看，户籍歧视造成了高额衡量成本的形成，用工单位在不能充分获知农民工素质和能力的情况下，只能采用降低职位或待遇的方式招聘他们，结果导致务工农民所从事的工作往往可能不是自己所期望的职位。二是务工农民由于自身的知识水平和能力制约很难较为准确地衡量用工单位的资质、信用等信息。高额的衡量成本决定了务工农民很难通过正规渠道寻找工作，而依靠熟人则简单得多。由于制度保障缺失造成的高额衡量成本会使得务工农民在就业过程中遭遇不公正待遇时不去寻求诉诸法律。务工农民一般从事专业化程度较低的工作除了自身文化程度较低的缘故，还有一点是专业化程度越高，越是需要可靠的制度来支撑其复杂契约的履行，但这对于务工农民来说，制度保障恰恰是缺失的。

制度壁垒形成的高额交易费用阻碍了农村居民的非农就业。在入学、就业、医疗、养老等各个方面，城乡居民表现出了明显的城乡差异，其始作俑者就是城乡二元体制的核心——户籍制度，其沿革如表 7-1 所示。我国户籍制度历经多次改革，但要实现根本性的突破依然困难重重。张车伟（2012）指出，不少省份虽然取消了农业户口和非农户口的区别，但附在户籍上的利益并没有任何改变，这种改革并不是真正意义上的户籍改革。以 2012 年和 2014 年户籍改革新政为例，本书认为，尽管改革的幅度相对较大，但并没有触及农民工市民化问题的本质，而这些问题对于农村居民非农就业至关重要。制度壁垒之所以出现改革步履蹒跚，其关键在于附着在背后的利益博弈均衡实现的困难性。

表 7 – 1 户籍制度沿革历程

年份	主要改革内容
1958	经全国人大常委会讨论通过，毛泽东签署一号主席令，颁布了新中国第一部户籍制度《中华人民共和国户口登记条例》（该法是目前唯一生效的最高法律层级的户籍专门法律），确立了一套较完善的户口管理制度，包括常住、暂住、出生、死亡、迁出、迁入、变更等 7 项人口登记制度。该条例以法律形式严格限制农民进入城市，限制城市间人口流动，在城市与农村之间构筑了一道高墙，城乡分离的"二元经济模式"因此生成。《户口登记条例》第十条注明：公民由农村迁往城市，必须持有城市劳动部门的录用证明，学校的录取证明，或者城市户口登记机关的准予迁入的证明，向常住地户口登记机关申请办理迁出手续
1963	公安部按照居民是否吃国家计划供应的商品粮，出台规定将全国居民分割成农业和非农业户口
1977	国务院批转《公安部关于处理户口迁移的规定的通知》中规定，"从其他市迁往北京、上海、天津三市的，要严格控制"从小市迁入大市的，一律报迁入地的市、县公安局审批
1994	公安部发布《关于启用新的户口迁移证、户口准迁证的通知》第一条第二款规定："凡跨市（系指市区，下同）、县范围的户口迁移；同一市、县范围内，由一般地区迁往国务院或者省级人民政府批准建立的经济特区、经济技术开发区、高新技术开发区等特定地区；由农村迁往城镇；由大中城市郊区迁往市区，一律使用户口准迁证"；准迁证由迁入地市辖区和县公安局签发，迁出地须凭准迁证办理户口迁移证
1998	国务院发出批转公安部《关于解决当前户口管理工作中几个突出问题的意见》。文件对户口管理作出了四项改革： （1）实行婴儿落户随父随母自愿的政策。 （2）放宽解决夫妻分居问题的户口政策。 （3）男性超过 60 周岁、女性超过 55 周岁，身边无子女需到城市投靠子女的公民，可以在其子女所在城市落户。 （4）在城市投资、兴办实业、购买商品房的公民及随其共同居住的直系亲属，凡在城市有合法固定的住所、合法稳定的职业或者生活来源，已居住一定年限并符合当地政府有关规定的，可准予在该城市落户
2003	全国很多省份开始取消农业户口和非农业户口，统一称为居民户口。截至 2009 年 3 月，已经有河北、辽宁等 13 个省、市、自治区，相继取消了农业户口和非农业户口的性质划分

年份	主要改革内容
2012	国务院办公厅发布《关于积极稳妥推进户籍管理制度改革的通知》。分类明确户口迁移政策： （1）在县级市市区、县人民政府驻地镇和其他建制镇有合法稳定职业并有合法稳定住所（含租赁）的人员，本人及其共同居住生活的配偶、未婚子女、父母，可以在当地申请登记常住户口。 （2）在设区的市（不含直辖市、副省级市和其他大城市）有合法稳定职业满三年并有合法稳定住所（含租赁）同时按照国家规定参加社会保险达到一定年限的人员，本人及其共同居住生活的配偶、未婚子女、父母，可以在当地申请登记常住户口。中西部地区根据当地实际，可以适当放宽职业年限的要求。 （3）继续合理控制直辖市、副省级市和其他大城市人口规模，进一步完善并落实好现行城市落户政策
2014	国务院印发《国务院关于进一步推进户籍制度改革的意见》提出了以下户口迁移调整政策： （1）全面放开建制镇和小城市落户限制。 （2）有序放开中等城市落户限制。 （3）合理确定大城市落户条件。 （4）严格控制特大城市人口规模。 （5）有效解决户口迁移中的重点问题

7.3

二元体制的稳定性与变迁分析

城乡二元体制为何难以打破？这需要从制度的稳定性角度来解析。根据诺思（2008）的观点，产生稳定性的是一系列约束的复杂组合，其中包括嵌套在科层结构中的各种正式规则；在这种科层结构中，任何一种改变都只会产生比其原先状态更高的成本；这其中也包括非正式约束，它们是规则的延伸，是对规则的详尽阐述，是规则的先决条件。城乡二元体制之所以难以突破，保持一定的稳定性就是因为在这一制度安排中至少存在一种正式规则的变革会带来巨大的改革成本。城乡二元体制形成的标志就是城乡户籍制度，而以城乡户籍身份为基本特征的一系列政策安排如教育、就业、医疗、住房、养老等存在明显的城乡差异。这些差异之所以能够稳定存在就是因为户籍制度难以发生根本性的变革。

表7-1显示了户籍制度的演变历史，从中不难发现，户籍制度改革没有发生根本性的变革。正如张车伟（2012）所说，户籍制度难以彻底变革是因为背后附着的利益。这利益指的是附着在户籍上的城乡差别待遇。相对于改革开放初期，如今的农村居民可以自由地流动到城里打工，但他们有时在城里遭受的就业、社会保障等方面的不公正待遇极大地影响了其非农就业和城市化进程。城乡二元体制的稳定性恰恰在于存在城乡利益再平衡的高成本。改革阻力来自城乡制度性壁垒形成的既得利益。平衡既有利益需要付出巨大的改革成本，从而使得问题的解决不能一蹴而就。

尽管城乡二元体制保持了一定的稳定性，但其渐进式的变革也是有目共睹的。那么，变革的内在动力来自何处？根据制度经济学理论，制度变迁的最重要来源是相对价格的根本性变化。相对价格变化包括要素价格比率、信息成本以及技术等方面的变化。相对价格变化有些是外生的，但大部分是内生的，反映了行为人持续的最大化努力，并进而引致制度变迁。按照诺思对于制度变迁的有关表述[①]，消除或降低城乡制度壁垒、实现制度变迁可从两个方面着手：一是相对价格的改变；二是偏好的改变。其中，偏好改变主要是指道德、观念、意识形态等方面的改变，起补充作用，而相对价格的改变则起主导作用。我们不难发现，劳动力要素相对价格的改变已越发明显。劳动力要素相对价格是指劳动力相对于资本等其他生产要素的价格，反映了劳动力的相对稀缺程度。如今，不仅是东部沿海发达地区就连中部地区农民工的劳动力价格均出现了较大幅度的上涨，"民工荒"现象时有发生。劳动力价格上涨有利于提升务工农民在城市就

---

① 诺思将制度变迁过程可以表述为：一种相对价格的变化使交换的一方或双方感知到：改变协定（agreement）和契约（contract）将能使一方甚至双方的处境得到改善，因此，就契约进行再次协商的企图就出现了。然而，契约是嵌套于规则的科层结构之中的，如果不能重构一套更高层面的规则（或违反一些行为规范），再协商或许就无法进行。在此情况下，有希望改进自身谈判地位的一方就极有可能投入资源去重构更高层面的规则。就行为规范而言，相对价格的变化或偏好的改变将使其逐渐被削弱，甚或被其他规范代替。长此以往，规则就可能被改变，或被弃之于不顾，或不被实施。同样地，一种习俗或传统也可能会被逐渐侵蚀或代替。

业时的谈判地位，使得用工企业不得不改善他们的待遇。从这一点来讲，"民工荒"现象不一定是坏事，反映了农民工劳动力价值和地位的提升。与此同时，农民工落户中小城市的门槛也开始逐步降低[①]，反映了户籍管制的松动，是内生的市场力量使然。

　　其实，对于从事劳动密集型产业的务工农民来说，落户大城市几乎不可能，大城市高昂的生活成本会迫使他们不得不放弃这种念头，而比较切合实际的选择是回流落户到家乡的中小城市。但实现这种回流机制必须解决两个问题：一是他们回到家乡要有工作可干，必须有地方产业支撑；二是必须降低中小城市的落户门槛。前者属于产业转移和承接的市场逻辑，而后者可以归结为城市化范畴。劳动力相对价格上升倒逼东部沿海发达地区产业转型升级，被挤压出来的劳动密集型产业开始向中西部地区转移（周世军，2012），地方政府为了承接转移产业，必须配套发展基础设施以及放松回流农民工的城市落后条件，降低城乡制度壁垒。中小城市地方政府的激励来自转移企业带来的税收增长可以弥补城乡制度壁垒降低所要支付的社会改革成本。随着工业化和城镇化的不断深入推进，劳动密集型产业不断向外围扩散，从而推动户籍制度从外围的中小城市开始变革，制度壁垒逐步降低。

　　而对于从事介于劳动密集型与资本（技术）密集型之间以及资本（技术）密集型行业的一些农民工来说，大多数都是 20 世纪 80 年代以后出生，具有较高文化程度的新生代农民工，他们渴望在大城市工作和生活。新生代农民工返回家乡中小城市务工或者农村务农已经变得不太可能，他们已经适应和喜欢上大城市的生活气息，思想观念已被"城市化"。对于新生代农民工，现实更为尴尬，他们既不会像父辈那样靠体力劳动挣得较高的工资，也不会像城市居民那样享受完善的社会保障体系，他们在大城市面临着更大的生存压力。户籍制度壁垒对他们的影响最为

---

①　2012 年国务院办公厅发布的《关于积极稳妥推进户籍管理制度改革的通知》对于中小城市外来务工人员的落户条件放宽了许多。

"深重"。新生代农民工的市民化只能是回流中小城市倒逼城乡制度壁垒改革。

不难看出，户籍制度变迁存在明显的异质性。对于老一辈农民工来说，他们到城市务工的目的主要是为了赚取更多的收入。劳动力要素相对价格①上涨倒逼产业转移和中小城市落户条件放宽，可以实现这部分农民工的回流和城乡制度壁垒的诱致性变迁。可是对于新生代农民工来说，他们进城不仅是为了挣钱，而越来越多地表现为关注自身发展空间和对现代城市生活的追求。但现实困境是，大城市户籍管制严格，他们难以真正融入城市享受到市民化待遇。在金融资本密集推动下的大城市，新生代农民工不可能创造出相对价格的巨大变化倒逼制度变迁。留在大城市的新生代农民工，其巨大的市民化成本仅靠政府解决是不切实际的，也是不可持续的。市民化成本分担机制尚未形成，消除制度壁垒只能是一句空话而已。

7.4

本章小结

本章基于制度经济学理论阐释了我国城乡二元体制特征，得出的基本结论是：

（1）在城乡二元体制这种制度安排中由于至少存在一种正式规则（如户籍制度）的变革会带来巨大的社会改革成本，从而使得制度壁垒能够保持一定的稳定性。

（2）由户籍制度构筑的城乡二元体制造成的城乡居民权益和机会的不平等不会成为常态，而是要最终被抛弃，但打破城乡藩篱任重道远。

（3）城乡二元体制演化变迁存在明显的异质性，其中劳动力要素相对价格持续上升会倒逼中小城市降低落户门槛，逐步消除城乡壁垒，从而形成老一辈农民工回流机制，推动城乡一体化进程；但在资本密集推动发

---

① 这里劳动力价格指的是较多地靠出卖体力的价格。

展的大城市，新生代农民工很难通过相对价格的改变实现制度变迁，大城市户籍壁垒消除艰巨而漫长。

简要总结就是，我国城乡二元体制为何难以改革，就是由于二元体制中至少存在一种正式规则即户籍制度的变革会带来巨大的社会改革成本，从而使得制度壁垒能够保持一定的稳定性。随着改革开放的不断深度推进，城乡二元体制也在不断变革中，其演化变迁存在明显的异质性。目前劳动力要素相对价格持续上升会倒逼中小城市降低落户门槛，逐步消除城乡壁垒，从而形成农民工的回流机制，推动城乡一体化进程。但在资本密集推动发展的大城市，新生代农民工很难通过"相对价格"的改变实现制度变迁，大城市户籍壁垒消除艰巨而漫长。

本章研究得到的主要启示是：消除城乡二元体制是一条艰辛而漫长的道路，巨大的社会改革成本需要政府构建一套有效的成本分担机制，政府应发挥积极的干预作用，激励和调动市场力量参与，发挥市场在资源配置中的主导作用，从而逐步消除改革的阻力。

第 8 章

二元体制下人力资本代际传递
与城乡收入不平等

8.1

问题提出

相对于城镇家庭来说，农村家庭人力资本投资往往存在以下困境：一是家庭教育缺失。家庭是父辈影响子代的主要社会机制，语言、宗教、价值观和经济资源都会从父辈向子代传递（谢宇，2015）。家庭教育的极端重要性早已被社会学家所证实。农村父母外出务工、子女留守[①]，父辈言传身教的缺失和祖辈隔代教育（Zeng and Xie，2014）的陈旧与溺爱造成了大量农村子女辍学，或过早地进入劳动力市场。二是户籍管制存在。户籍管制不仅造成了务工农民子女难以就读务工地正规学校，而且户籍歧视也造成了务工农民难以融入城市，社会关系仅限于家乡的亲戚、朋友、同学等血缘、地缘关系，这种割裂的社会资本也会影响父辈对于子女的人力资本投资。三是城市偏向政策制约。城市偏向政策造成了城乡之间的教育、医疗等公共投入不均衡以及农村居民的社会福利缺失、就业歧视和收

---

① 全国妇联发布研究报告《中国农村留守儿童、城乡流动儿童状况研究报告》（2013 年）指出，我国留守儿童达 6 102.55 万人，占农村儿童的 37.7%。

入偏低①等，这些均会制约农村家庭的人力资本投资。

上述困境的产生源于城乡二元体制。二元体制的存在使得城乡人力资本代际传递与收入不平等之间带有明显的制度特征。体制对于经济活动的影响至关重要（周其仁，2017）。制度不公会降低人力资本效率，阻碍人力资本积累（王学龙、袁易明，2015）。二元体制会抑制农村人力资本投资的积极性，人力资本效应难以充分发挥（王金营，2004）。城市偏向（陆铭、陈钊，2004）致使城市居民享有更好的教育资源和更高的医疗水平，从而在制度上造成了城乡居民的人力资本差异和收入不平等。这种城乡之间的制度性壁垒若得不到彻底消除，城乡家庭的人力资本差距可能会越来越大，其演化结果不仅会导致城乡收入不平等不断扩大，驱动创新发展越发困难，而且会降低社会流动性、固化社会阶层，从而危及社会和谐与稳定，最终阻碍"中国梦"的实现。厉以宁（2013）指出，党的十八大以后，首要的、具有关键性意义的经济体制改革无疑是包括教育资源均衡配置和户籍一元化在内的城乡一体化改革，可以带来最大改革红利。

然而，截至目前，鲜有学者基于二元体制视角讨论人力资本传递差异对于城乡收入不平等的影响。本书的研究是一个有益的尝试，不仅能够凸显制度改革的重要性，而且还将基于观测数据客观回答"寒门"是否真的再难出"贵子"。特别是党的十八大以来，二元体制在其中的影响是否存在弱化趋势有待本书进一步实证检验。本书不仅为城乡收入不平等提供了新的研究视角，拓展和丰富了以往研究，而且还具有鲜明的现实政策意义。当前，中国经济亟须转型升级，创新驱动发展须以人才为支撑。由"人口红利"转向"人力资本红利"推动的经济发展则须高度重视城乡家庭人力资本投资，破解人力资本投资困境，尤其是实现农村人力资本向上流动，缩小城乡收入不平等。

---

① 皮凯蒂（Thomas Piketty）在《21 世纪资本论》中的一个发现是："资本报酬的增长总是快于经济增长"。尽管此观点具有争议性，但资本回报高于劳动力回报已被现实所证实。中国社科院蓝皮书指出，中国劳动者报酬占国内生产总值（GDP）的比重由 2004 年的 50.7% 下降到 2011 年的 44.9%。而农民工往往从事的是劳动密集型的制造业和服务业，收入一般偏低。

本章的主要贡献体现在以下三点：一是关注了城乡人力资本代际传递差异对于子代收入不平等的影响问题。人力资本代际传递涉及的是家庭微观层面问题，而城乡子代收入不平等则是宏观现象，将微观问题和宏观现象衔接起来进行研究是本书研究的一个创新，也是一个挑战。二是为了应对这一挑战，本章将基于城乡匹配数据进行实证研究，其关键是要先从城乡原始样本中找出城乡匹配样本，并且满足城乡匹配样本是对原始样本的较好代表，城乡匹配样本收入比的均值应与宏观上的城乡收入差距没有显著差异，相当于将宏观上的城乡收入水平的比值分解为众多城乡匹配者的收入比进行研究。三是城乡匹配者收入比的影响因素除了自身的人力资本、社会资本等以外，还有一个重要因素就是城乡父母人力资本代际传递影响，这是本章讨论的重点。

接下来，本章安排为：第二部分是文献梳理与理论分析城乡人力资本代际传递差异对于子代收入不平等的影响，提出研究假说；第三部分是利用 PSM 方法对城乡被调查者进行样本匹配，将原始的城乡分列数据转换为匹配的城乡合并数据，即每条样本观测均含有城乡匹配者及其父母的相关信息；第四部分为实证研究，主要讨论城乡父母的人力资本代际传递差异对子女收入不平等的影响，验证第二部分的研究假说；第五部分为进一步讨论模型的内生性和稳健性问题，并且政策评估二元体制的影响；第六部分为本章小结。

8.2

研究假说提出

8.2.1　人力资本代际传递与收入不平等

研究收入分配问题有多种视角，对于微观的家庭层面来说，一个完整的收入分配理论应该包括两个方面：一是同代人不同家庭之间的收入不平等，即横向不平等；二是同一家庭不同代人之间的收入不平等，即纵向不平等（谢勇，2006）。前者研究比较多，属于传统的收入分配关注领域，社会公众一直在讨论这个问题；而后者研究是近些年逐渐引起了人们的重视，这可能与家庭内部的纵向比较没有家庭之间的横向比较容易激起人们不公的感觉有关。但随着社会的发展，人们追求自身发展，关注切身利益，代际差异比较越来越为人们所关注。"寒门再难出贵子"成为热议话题，反映了代际不平等问题的重要性，说明代际传递（intergenerational transmission）的纵向不平等也会引发居民收入的横向不平等。伴随着中国人口老龄化日趋发展和劳动力成本上升，人口红利在逐渐消失，中国经济正以劳动力数量推动的粗放发展模式转变为以人力资本为创新驱动的集约发展模式。从"人口红利"转向"人力资本红利"将是中国经济发展新的比较优势所在（顾国达等，2013）。人力资本对于经济发展的重要作用不言而喻，但随之而来的人力资本差异造成的收入分化问题则引起了人们的担忧。尤其是，人力资本代际传递造成的人力资本差异引致的收入分化问题日益突出（邹薇、郑浩，2014；卢盛峰等，2015；谭灵芝、孙奎立，2017）。

人力资本代际传递指的是人力资本在父代与子代之间进行传递。相对于收入代际流动的较早关注（Becker and Tomes，1979，1986；Solon，1992；王海港，2005；邢春冰，2006；陈琳、袁志刚，2012），近年来，人力资本代际传递被重视。按照其理论，子女的人力资本不仅取决于父母对其教育、健康等进行跨代投资，还取决于父母通过平时的言传身教将自身的知识、素养和能力等传递给子女（Qin et al.，2016）。人力资本代际传递最早可追溯至贝克尔和托姆斯的经典研究，其研究指出子女的人力资本可以通过遗传决定的种族、能力以及家庭声望和"人脉"及其家庭环境所提供的知识、技能和目标而得到提高。

显而易见，中国的城乡家庭在上述因素方面表现不同，城市家庭一般要好于农村家庭。城乡父母对于子女教育的代际影响存在一定差异，从而传导影响子女的收入。除此以外，有些研究指出了公共教育投入对于代际教育和收入的影响。中国的公共教育投入在城乡之间显然也是不一样的，根据现有研究可知，这将会影响城乡人力资本代际传递。据此，本书提出以下假说 8 - 1。

假说 8 - 1：城乡父母人力资本代际传递差异扩大了子女收入不平等。

8.2.2 二元体制与城乡收入不平等

中国城乡收入不平等在总体收入不平等中表现最为严重（人民日报，2015）。二元体制对于城乡收入不平等的影响主要表现为城市偏向和户籍管制（陈宗胜，1991；Yang and Cai，1999；蔡昉，2003；陆铭、陈钊，2004；刘社建、徐艳，2004；程开明、李金昌，2007；高彦彦，2010；石磊、张翼，2010；周世军、周勤，2012；彭秀健等，2013；刘志强、谢家智，2014）。

城市偏向长期以来是中国政府的主导性政策选择（高彦彦，2010）。杨和蔡（Yang and Cai，1999）分析认为改革开放之前，与重工业优先发展战略相关的一整套干预政策导致了稳定的城市偏向，改革开放以后，城乡收入差距的周期性变化主要来源于城市利益集团的压力及传统经济体制遗留的制度障碍。中国城市偏向的经济政策是多方面的，突出表现在财政支农比例下降、城乡劳动力市场分割、农产品价格管制、社会福利和社会保障的歧视及农村土地制度的不合理等。城市偏向强化了城乡收入差距的扩大趋势（侯风云等，2009；邓旋，2011）。

注意到户籍管制的作用，周世军和周勤（2012）研究发现，对于务工农民来说，高层职业存在高文化门槛，而低层职业又存在城镇户籍门槛；户籍制度导致农村居民非农就业存在的"双重门槛"使得城乡居民就业出现了分层现象，从而拉大了城乡收入不平等。推进户籍制度、消除劳动力流动的制度壁垒会进一步促进农村劳动力向城市转移，农村居民工资性收入较大幅度的提高会缩小城乡居民收入差距（彭秀健等，2013）。类似地，刘志强和谢家智（2014）认为户籍制度改革破解了劳动力要素自由流动的体制性障碍，逐步消除了城镇工和农民工同工不同酬的户籍歧视，并有助于城乡居民获得均等化的社会福利待遇，从而扭转城乡居民收入失衡局面。

陈宗胜（1991）认为二元体制是影响中国城乡收入不平等的最主要因素。城乡二元体制决定了城乡居民劳动生产率的巨大差异，劳动生产率的差异又进一步导致了城乡居民收入分配的差距，在城乡分割的二元经济结构下，城乡收入分配差距也决定了农村居民在接受教育和其他方面机会的不平等，这些不平等更进一步导致了农村居民在以后获取收入能力和机会方面与城市居民的差距（刘社建、徐艳，2004）。二元体制表明城市居民在经济生产中获得了更多的政策支持机会。与城市居民同等政策供给的缺乏束缚了农村生产要素的自由流动，表明农村居民在同一蓝天下享受平等的国民待遇权利受到了掠夺，反映了城乡居民"身份"的不平等（林光彬，2004；李卫兵，2005）。

总结以往研究，城乡二元体制加剧了城乡居民收入不平等。毫无疑问，城乡父母的人力资本代际传递对于子女收入不平等的影响也会打上二元体制的烙印。不过，令人振奋的是，党的十八大以来，中国以前所未有的决心和力度推进全面深化改革。随着城乡一体化进程以及乡村振兴战略的加快推进，城乡二元体制的影响在弱化，城乡子女之间的收入不平等将更多地体现为自身学识和能力差异，而父辈以及二元体制的影响将会逐渐削弱。据此，本书提出假说 8 - 2。

假说 8 - 2：城乡父母人力资本代际传递对于子女收入不平等的影响随着二元体制改革的推进趋于弱化。

8. 3

数据匹配与统计描述

8.3.1　数 据 与 变 量

研究数据来自 2010 年和 2015 年中国综合社会调查数据（CGSS）。该调查在全国一共抽取了 100 个县（区），以及北京、上海、天津、广州、深圳 5 个大城市作为初级抽样单元，共调查了 480 个村/居委会，共计 12 000 个家庭。中国综合社会调查的目的是，通过对城乡家庭的年度社会调查，系统监测社会结构、生活质量及其互动与变化。调查内容基本囊括了家庭的各个方面，其中涉及了家庭教育等，为本书研究提供了很好的数据支撑。

鉴于 2005 年 CGSS 调查问卷与 2010 年、2015 年有所不同，数据有一定差异，不利于数据匹配，本书选取了 2010 年和 2015 年 CGSS 数据，其中 2010 年样本观测数为 11 783 个，2015 年为 10 968 个。鉴于研究目的，本书选取了年龄 18～60 岁的在职被调查者作为分析对象，剔除被调查者的个人去年全年总收入数据缺损以及过低的样本①，最终形成有效样本点 2010 年 6 898 个、2015 年 5 853 个。

CGSS 问卷中，被调查者及其父母的学历问答设计为"您/父亲/母亲的最高教育程度"，选项为"没有受过任何教育""私塾""小学""初中""职业高中""普通高中""中专""技校""大学专科（成人高等教育）""大学专科（正规高等教育）""大学本科（成人高等教育）""大学本科（正规高等教育）""研究生及以上"以及其他等 14 个选项。为了便于倾向得分匹配及实证研究，本书将上述学历转换为受教育年限，分别为：没有受过任何教育/其他 = 1 年（若设置为 0，则取对数或作比值无法进行），私塾/小学 = 6 年，初中 = 9 年，高中/中专/职业高中 = 12 年，大学专科/技校 = 15 年，大学本科 = 16 年，研究生及以上 = 19 年。除了受教育水平，其他信息如被调查者的性别、年龄、婚姻、家庭背景等相关变量分城乡描述统计如表 8 - 1 和表 8 - 2 所示。

---

① 收入数据过低表明被调查者可能处于失业状态，不能反映人力资本对于收入的真实影响。综合考虑全国各地 2009 年和 2014 年失业救济金的标准，本书选择了 3 000 元作为分界点。

表 8 - 1　　　　　　2010 年城乡被调查者及其父母的基本情况描述

变量名	变量含义	城镇居民			农村居民		
		观测	均值	标准差	观测	均值	标准差
Income	个人去年总收入（元）	3 274	34 933	13 4501	3 615	14 230	34 765
Gender	性别（女 = 0，男 = 1）	3 274	0.52	0.50	3 615	0.54	0.50
Age	年龄（年）	3 274	42.35	10.73	3 615	41.77	10.49
Edu	受教育年限（年）	3 274	11.90	3.56	3 615	7.55	3.26
Marriage	婚姻状况（已婚 = 1，未婚 = 0）	3 274	0.82	0.38	3 615	0.89	0.31
Fahter_age	父亲年龄（年）	3 274	72.04	13.50	3 615	71.58	13.83
Father_edu	父亲受教育年限（年）	3 274	7.03	4.35	3 615	4.57	3.51
Father_work	父亲就业状况（无业 = 0，自雇 = 1，他雇 = 2）	3 274	1.66	0.51	3 615	1.17	0.39
Mother_age	母亲年龄（年）	3 274	69.04	12.73	3 615	69.20	13.30
Mother_edu	母亲受教育年限（年）	3 274	5.23	4.25	3 615	2.83	2.90
Mother_work	母亲就业状况（无业 = 0，自雇 = 1，他雇 = 2）	3 274	1.15	0.79	3 615	0.94	0.34

表 8 - 2　　　　　　2015 年城乡被调查者及其父母的基本情况描述

变量名	变量含义	城镇居民			农村居民		
		观测	均值	标准差	观测	均值	标准差
Income	个人去年总收入（元）	2 638	58 491	218 170	3 205	35 476	252 752
Gender	性别（女 = 0，男 = 1）	2 638	0.50	0.50	3 205	0.54	0.50
Age	年龄（年）	2 638	42.86	11.18	3 205	42.26	10.95
Edu	受教育年限（年）	2 638	12.25	3.58	3 205	8.29	3.48
Marriage	婚姻状况（已婚 = 1，未婚 = 0）	2 638	0.77	0.42	3 205	0.85	0.35
Fahter_age	父亲年龄（年）	1 934	69.61	13.79	3 205	68.76	14.01

续表

变量名	变量含义	城镇居民			农村居民		
		观测	均值	标准差	观测	均值	标准差
Father_edu	父亲受教育年限（年）	2 638	7.09	4.51	3 205	4.58	3.61
Father_work	父亲就业状况（无业＝0，自雇＝1，他雇＝2）	2 441	1.58	0.55	3 205	1.16	0.39
Mother_age	母亲年龄（年）	2 001	67.67	13.25	3 205	66.77	13.52
Mother_edu	母亲受教育年限（年）	2 638	5.76	4.35	3 205	3.17	3.07
Mother_work	母亲就业状况（无业＝0，自雇＝1，他雇＝2）	2 480	1.16	0.76	3 205	0.95	0.35

8.3.2　样本匹配

根据研究目的，本书按照被调查者户口类型将总样本分为农村样本组和城镇样本组。根据倾向得分匹配法（PSM），本书将分别对 2010 年和 2015 年样本数据进行城乡居民匹配。在实证研究中，由于数据偏差和混杂变量较多，倾向得分匹配法能够减少这些变量的影响，以便对实验组和对照组进行更合理的比较。一般认为，不存在适用于一切情形的绝对好方法，只能根据数据来选择匹配方法。卡连多（Caliendo et al.，2008）认为各类方法对偏差和效率间的权衡存在差异，因此不同匹配方法的结果可能不同。本书选择个人去年总收入作为结果变量，户口类型作为处理变量，性别、年龄、受教育年限、父亲年龄、父亲受教育年限、父亲就业状况、母亲年龄、母亲受教育年限、母亲就业状况作为协变量进行样本匹配。

本书尝试一对一无放回匹配、一对一有放回匹配、核匹配和马氏匹配四种匹配方法，并将匹配结果进行比较，以选择最适合本书研究的匹配方法。一对一无放回匹配要求依据倾向得分在控制组样本中寻找与处理组样本倾向得分值最为接近的匹配对象。对每一个非农户口中的个体都在农业户口的样本中找到一个配对个体，并且每次都将匹配成功的个体从样本中去掉，虽然会损失很多样本，但是可以实现样本一对一有效匹配，不存在并列即重复匹配的状况。这种匹配方法可以使处理组的信息得以充分利用，配对的两个家庭背景最近似。一对一有放回匹配与一对一无放回匹配的不同在于，匹配过程中将匹配成功个体留在样本中，参与其余匹配，会存在重复匹配的情况，样本信息被重复利用，无法使最终匹配得到的个体完全一对一，不能满足后续模型建立的要求。核匹配是通过对所有控制组样本进行加权平均的方法构造与控制组样本倾向得分值最为接近的虚拟样本，该匹配方法并未直接从控制组样本中直接选取匹配样本，无法有效利用到样本的真实信息，不能满足本书的研究要求。马氏匹配在本书中是使用马氏距离的一对一近邻匹配。马氏匹配是通过矩阵计算两个观测对象马氏距离的一种匹配方法，将倾向得分值作为一个变量同其他重点平衡的变量一起估计马氏距离，然后进行马氏匹配。四种匹配结果如表 8-3 所示。

由表 8-3 得出的匹配结果可以看出，一对一无放回匹配得到 2010 年 2 761 对样本、2015 年 1 514 对样本；一对一有放回匹配得到 2010 年 2 753 对样本、2015 年 1 516 对样本；核匹配都得到 2010 年 2 753 对样本、2015 年 1 516 对样本。相对于一对一有放回匹配和核匹配，一对一无放回匹配可以得到更多样本。而根据马氏匹配的结果发现，该匹配比例为 100%，并未有效筛选出合适的样本，不适用于本研究。对比这四种匹配方法可以发现，一对一无放回匹配可以更好地利用样本信息，筛选出有效样本，且不会出现重复匹配的情况，能够满足本书模型建立对于样本的要求。根据一对一无放回匹配结果，本书将匹配得到的数据与原始数据进行比较，得出 2010 年和 2015 年城乡散点图如图 8-1 和图 8-2 所示。

表 8-3　倾向得分匹配比较

匹配方法	2010 年					2015 年				
	总数		共同取值范围周数		平均处理效应	总数		共同取值范围周数		平均处理效应
	控制组	处理组	控制组	处理组		控制组	处理组	控制组	处理组	
一对一无放回匹配	3 037	2 761	2 761	2 761	19 536.83	1 986	1 743	1 514	1 514	28 359.32
一对一有放回匹配	3 037	2 761	3 033	2 753	11 479.45	1 986	1 743	1 985	1 516	28 564.77
核匹配	3 037	2 761	3 033	2 753	8 204.36	1 986	1 743	1 985	1 516	27 842.76
马氏匹配	3 037	2 761	3 037	2 761	5 322.97	1 986	1 743	1 986	1 743	28 139.25

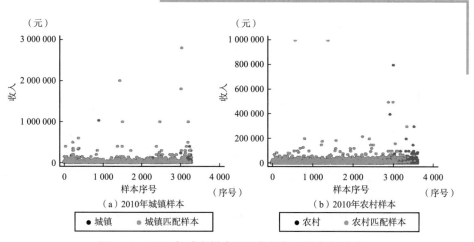

图 8 - 1　2010 年城乡样本匹配数据与原始数据分布

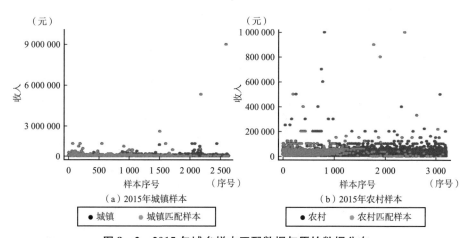

图 8 - 2　2015 年城乡样本匹配数据与原始数据分布

　　图 8 - 1 和图 8 - 2 中深色点为原始数据分布，浅色点为匹配后被筛选出来的样本分布，深色和浅色重合的点即为匹配的样本点。由这四个匹配分布图可以大致看出，通过一对一无放回匹配法得到的匹配样本对原始数据样本有一定的代表性，但也不能完全以此断定匹配样本与原始样本是无差异的，需要进一步的统计检验。由于样本数据不满足正态性和方差齐次性，本书选择双样本非参数假设检验验证匹配数据与原始数据的差异性。检验图如图 8 - 3 和图 8 - 4 所示。

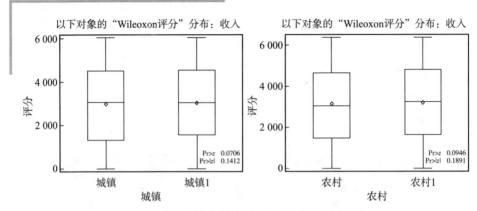

图 8 - 3　2010 年城乡样本数据匹配结果检验

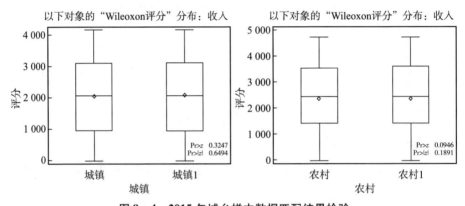

图 8 - 4　2015 年城乡样本数据匹配结果检验

　　从图 8 - 3 和图 8 - 4 可以看出，匹配样本与原始样本的分布范围和均值都十分接近。统计量检验结果如表 8 - 4 和表 8 - 5 所示。检验结果显示，无论是 Wilcoxon 检验，还是 Kruskal - Wallis 检验，城乡匹配样本与原始样本在 1% 的显著性水平下无显著性差异。

表 8 - 4　　　　　　　　　2010 年一对一无放回匹配结果非参数检验

检验统计量	城镇		农村	
	原始数据	匹配数据	原始数据	匹配数据
均值	34 941.71	34 134.62	14 229.80	14 597.79

续表

检验统计量		城镇		农村	
		原始数据	匹配数据	原始数据	匹配数据
Wilcoxon 双样本检验	均值评分	2 987.73	3 053.89	3 162.09	3 223.09
	t 近似值 p 值	0.141		0.189	
Kruskal – Wallis 检验	χ^2	2.165		1.725	
	p 值	0.141		0.189	

表 8 – 5　　　　　　2015 年一对一无放回匹配结果非参数检验

检验量		城镇		农村	
		原始数据	匹配数据	原始数据	匹配数据
均值		58 502.24	62 052.62	32 366.28	29 241.68
Wilcoxon 双样本检验	均值评分	2 070.11	2 087.64	2 356.77	2 365.28
	t 近似值 p 值	0.649		0.841	
Kruskal – Wallis 检验	χ^2	0.207		0.041	
	p 值	0.649		0.841	

8.3.3　匹配数据的统计描述

通过对比四种倾向得分匹配法，选取了一对一无放回匹配法，并对匹配数据进行代表性检验。根据散点图和非参数假设检验，本书认为匹配数据较好地代表了原始样本数据。表 8 – 6 和表 8 – 7 给出了匹配样本数据的描述统计。从中可以看出：2010 年成功匹配了 2 761 对城乡被调查者，这些被调查者及其父母的年龄基本上没有城乡差别，但各自在受教育水平上具有一定的城乡差别。农村被调查者的平均受教育年限为 8.31 年，即初中文化程度。城镇被调查者的平均受教育年限为 12.2 年，即高中文化程度。城乡被调查者的平均受教育年限有一定的差距，但其父母的学历差距较小，其城乡差距仅为 2.4 年。这主要是由于本书的研究目的需要按照被调查者父母的信息进行匹配的缘故。2015 年成功匹配了 1 514 对城乡样本数据。匹配数据较 2010 年明显减少，一是因为 2015 年样本数据较 2010 年约少 1 000 个，二是因为城乡父母的差别是客观存在的，按照 2010 年相同匹配标准，2015 年城乡父母数据更难匹配。2015 年匹配数据统计显示，城乡被调查者的父母学历差距依然较小，而被调查者本身的学历差距较 2010 年有略微增大。

表 8 - 6 　　　　2010 年城乡匹配样本中被调查者及其父母的基本情况描述

变量名	变量含义	城镇居民			农村居民		
		观测	均值	标准差	观测	均值	标准差
Income	个人去年总收入（元）	2 761	34 135	89 317	2 761	14 598	34 669
Gender	性别（女 = 0，男 = 1）	2 761	0.53	0.50	2 761	0.55	0.50
Age	年龄（年）	2 761	41.41	10.68	2 761	40.64	10.45
Edu	受教育年限（年）	2 761	12.20	3.36	2 761	8.31	2.68
Marriage	婚姻状况（已婚 = 1，未婚 = 0）	2 761	0.82	0.39	2 761	0.89	0.32
Fahter_age	父亲年龄（年）	2 761	71.56	13.42	2 761	70.95	13.94
Father_edu	父亲受教育年限（年）	2 761	7.40	4.25	2 761	4.99	3.54
Father_work	父亲就业状况（无业 = 0，自雇 = 1，他雇 = 2）	2 761	1.67	0.51	2 761	1.21	0.41
Mother_age	母亲年龄（年）	2 761	68.52	12.62	2 761	68.41	13.37
Mother_edu	母亲受教育年限（年）	2 761	5.55	4.28	2 761	3.17	3.06
Mother_work	母亲就业状况（无业 = 0，自雇 = 1，他雇 = 2）	2 761	1.16	0.79	2 761	0.95	0.35

表 8 - 7 　　　　2015 年城乡匹配样本中被调查者及其父母的基本情况描述

变量名	变量含义	城镇居民			农村居民		
		观测	均值	标准差	观测	均值	标准差
Income	个人去年总收入（元）	1 514	62 053	278 409	1 514	29 242	50 713
Gender	性别（女 = 0，男 = 1）	1 514	0.53	0.50	1 514	0.57	0.50

变量名	变量含义	城镇居民			农村居民		
		观测	均值	标准差	观测	均值	标准差
Age	年龄（年）	1 514	40.13	11.25	1 514	39.83	10.72
Edu	受教育年限（年）	1 514	12.43	3.16	1 514	7.82	2.91
Marriage	婚姻状况（已婚 = 1, 未婚 = 0)	1 514	0.74	0.44	1 514	0.83	0.37
Fahter_age	父亲年龄（年）	1 514	68.62	13.73	1 514	68.70	13.61
Father_edu	父亲受教育年限（年）	1 514	7.55	4.01	1 514	4.76	3.45
Father_work	父亲就业状况（无业 = 0, 自雇 = 1, 他雇 = 2)	1 514	1.54	0.57	1 514	1.09	0.33
Mother_age	母亲年龄（年）	1 514	66.44	13.33	1 514	66.29	13.08
Mother_edu	母亲受教育年限（年）	1 514	5.99	4.10	1 514	3.29	3.03
Mother_work	母亲就业状况（无业 = 0, 自雇 = 1, 他雇 = 2)	1 514	1.09	0.76	1 514	0.94	0.34

8.4

人力资本差异对城乡收入差距的影响

8.4.1 模型设定

明瑟（Mincer, 1974）认为在一个完全竞争的劳动力市场，个人收入主要由人力资本因素决定。最初的明瑟收入方程仅包括自身的人力资本因素，本书将进一步拓展其理论模型，引入代际传递因素。构建城乡居民收入决定模型分别如下所示。

$$\ln(Inc_i^u) = \alpha_1 + \beta_1 Edu_i^u + \gamma_1 Father\_edu_i^u + \eta_1 Mother\_edu_i^u + \tau_1 X_{1i} + \varepsilon_{1i}$$

$$(8-1)$$

$$\ln(Inc_i^r) = \alpha_0 + \beta_0 Edu_i^r + \gamma_0 Father\_edu_i^r + \eta_0 Mother\_edu_i^r + \tau_0 X_{0i} + \varepsilon_{0i}$$

$$(8-2)$$

式（8-1）和式（8-2）中的被解释变量为收入的自然对数，解释变量为被调查者及其父母的学历，X 为控制变量，包括城乡匹配居民的性别、年龄及其父母的就业状况；上述模型采用半对数模型是为了更好地表达现实经济意义。β_1、β_0 分别表示城乡被调查居民受教育年限每增加一年，其平均的收入增长率。γ_1、η_1 分别表示城市被调查者的父母受教育年限每增加一年，被调查者平均的收入增长率；γ_0、η_0 分别表示农村被调查者的父母受教育年限每增加一年，被调查者平均的收入增长率。

式（8-1）和式（8-2）引入父母的学历是为了刻画父母的人力资本对于子女收入的代际影响；其系数反映了城乡父母的代际影响差异。若 $\gamma_1 - \gamma_0 > 0$ 显著成立，则表示城市父亲对于子女的代际影响明显超过农村；同理，$\eta_1 - \eta_0 > 0$ 也是如此。对于多方程回归模型，严格来说，不能直接从参数估计值大小来判断城乡父母代际影响的显著差异性。为此，本书用式（8-1）减去式（8-2），得到模型如下：

$$\ln\left(\frac{Inc_i^u}{Inc_i^r}\right) = \alpha + \beta(Edu_i^u - Edu_i^r) + \gamma(Father\_edu_i^u - Father\_edu_i^r)$$

$$+ \eta(Mother\_edu_i^u - Mother\_edu_i^r) + \tau X_i + \varepsilon_i \qquad (8-3)$$

观察式（8-3），$\dfrac{Inc^u}{Inc^r}$ 恰好是以城乡居民收入比表示的城乡收入不平等，β 表示城乡居民受教育年限差距每增加一年，其收入不平等平均增长 $100\beta\%$，而 γ、η 分别表示城乡居民的父母受教育年限差距每增加一年，其收入不平等分别平均增长 $100\gamma\%$ 和 $100\eta\%$，直接反映了城乡父母人力资本代际传递差异对于子女收入不平等的影响。相对于式（8-1）和式（8-2），式（8-3）的参数可以直观反映城乡父母的代际影响，但式（8-3）的估计对于数据的要求更加严格，必须是城乡匹配数据。这也就是本书采用匹配数据的重要原因。

8.4.2　假说验证

基于 2010 年 CGSS 城乡居民匹配数据对式（8－3）进行回归分析，估计结果如表 8－8 所示。其中：模型（1）为仅考虑解释变量即城乡被调查者及其父母的学历差距的回归结果；模型（2）为包含解释变量与控制变量的回归结果；模型（3）为包含解释变量和采用逐步回归法筛选出的控制变量进行回归的结果；模型（4）是对模型（3）按照稳健标准误回归的结果。

表 8－8　　基于 2010 年 CGSS 城乡匹配样本数据的回归结果

变量	模型（1）	模型（2）	模型（3）	模型（4）
$Edu^u - Edu^r$	0.048 *** （0.006）	0.163 *** （0.015）	0.163 *** （0.015）	0.163 *** （0.014）
$Father\_edu^u -$ $Father\_edu^r$	0.005 （0.005）	0.018 *** （0.005）	0.019 *** （0.005）	0.019 *** （0.005）
$Mother\_edu^u -$ $Mother\_edu^r$	0.019 *** （0.005）	0.049 *** （0.006）	0.048 *** （0.006）	0.048 *** （0.006）
$Gender^u$		0.224 *** （0.042）	0.225 *** （0.041）	0.225 *** （0.042）
$Gender^r$		0.127 *** （0.041）	0.127 *** （0.041）	0.127 *** （0.041）
Age^u		0.025 *** （0.003）	0.025 *** （0.003）	0.025 *** （0.003）
Age^r		－ 0.031 *** （0.003）	－ 0.031 *** （0.003）	－ 0.031 *** （0.003）
$Father\_work^u$		0.401 *** （0.052）	0.400 *** （0.050）	0.400 *** （0.049）
$Father\_work^r$		－ 0.203 *** （0.078）	－ 0.198 ** （0.077）	－ 0.198 ** （0.079）

变量	模型（1）	模型（2）	模型（3）	模型（4）
$Mother\_work^u$		0.002 (0.026)		
$Mother\_work^r$		0.038 (0.055)		
$Constant$	9.188 *** (0.029)	8.222 *** (0.140)	8.262 *** (0.129)	8.262 *** (0.124)
Observations	2 761	2 761	2 761	2 761
R^2	0.037	0.101	0.100	0.100

注：① *** 、** 分别表示1%、5%的显著性水平；②模型（1）~模型（3）中括号内数值为标准误，模型（4）中括号内数值为稳健标准误。

表8-8中的模型（1）为不含有控制变量的回归结果，其结果表明：城乡居民受教育年限差距每增加一年，其收入不平等平均扩大4.8%；与之相比，城乡父母的学历差距对子女收入不平等有显著正影响，即扩大了收入不平等，从而证实了假说8-1，但影响的程度较小，城乡父母的受教育年限差距每增加1年，其对子女收入不平等的影响程度仅扩大0.5%和1.9%。进一步地，引入控制变量之后的模型（2）估计结果显示，城乡父母学历差距对子女收入不平等仍然有显著正影响，其影响程度与模型（3）、模型（4）中的估计结果基本一致，分别约扩大1.8%和4.9%。其中，母亲的影响依然相对较大。相关原因，周世军、李清瑶等（2018）曾研究指出，这跟中国传统的家庭分工有关，母亲更多地扮演了"相夫教子"的角色。城乡母亲学历水平会更多地影响子女教育，从而影响子女收入水平。尽管城乡父母的学历差距显著扩大了子女的收入差距，但却均远小于子女本身学历差距对于收入不平等的扩大影响，即子女受教育年限差距每增加一年，其收入不平等平均扩大16.3%。反映了明瑟收入方程取决于自身人力资本的合理性，人力资本的代际影响相对较小。来自"寒门"的农村家庭子女与城市家庭子女的收入不平等主要取决于自身的学历

差距，父辈人力资本的代际影响要弱得多。

除此以外，表8-8中模型（2）、模型（3）、模型（4）还列出了有关子女本身特征的控制变量，如性别、年龄的回归结果。尤其是年龄的影响估计比较有意义，结果显示，城市子女的年龄越大越能扩大城乡子女的收入不平等，而农村子女的年龄影响却与之相反，其年龄越大越会缩小收入不平等。说明，随着城乡居民年龄的增大，其收入均呈现增长趋势。该结论揭示了农村居民的收入增长特征。与老一辈农民工主要依靠体力劳动相比，日益增多的新生代农民工鲜有人从事传统的体力劳作，而是从事带有一定技能的工作。体力劳动依靠健康人力资本，其人力资本随着年龄的增长呈现下降趋势；而技能岗位的人力资本却可以随着年龄不断上升，从而决定了新老农民工不同的收入增长方式。年龄影响的回归结果从侧面反映了农村居民人力资本不断积累的趋势，人力资本代际传递是向上流动的。

表8-9是根据2015年匹配数据进行的回归结果，与表8-8基本一致，这也说明了式（8-3）估计的稳健性。同样，城乡父母的学历差距显著扩大了子女的收入不平等，也验证了假说8-1。引入控制变量的回归结果显示，城乡父母受教育年限差距每增加一年，其子女收入不平等分别扩大2.5%和3.2%，而城乡子女受教育年限差距每增加一年，其收入不平等却扩大了20%。父母人力资本对于子女收入流动性影响仍然较小。对比基于2015年和2010年调查匹配数据的估计结果可以发现，城乡父母的学历差距对于子女收入不平等的影响出现了下降。随着二元体制改革的不断深入推进，城乡家庭的代际影响并没有产生固化现象。若产生固化的话，"龙生龙、凤生凤"意味着城乡居民的人力资本差距会扩大后代的人力资本差距以及收入差距，但模型估计显示，城乡子女收入差距主要取决于自身人力资本差距，父母之间的人力资本差距的解释力越来越小了。城乡父母的人力资本代际传递由于二元体制的存在并未使得子女的收入差距出现明显的扩大趋势，说明二元体制的影响在减弱，从而验证了假说8-2。

表 8 - 9　　　　　基于 2015 年 CGSS 城乡匹配样本数据的回归结果

变量	模型 （1）	模型 （2）	模型 （3）	模型 （4）
$Edu^u - Edu^r$	0. 123 *** （0. 012）	0. 197 *** （0. 035）	0. 200 *** （0. 033）	0. 200 *** （0. 033）
$Father\_edu^u -$ $Father\_edu^r$	0. 016 * （0. 008）	0. 025 *** （0. 009）	0. 025 *** （0. 009）	0. 025 *** （0. 009）
$Mother\_edu^u -$ $Mother\_edu^r$	0. 000 （0. 009）	0. 031 ** （0. 012）	0. 032 *** （0. 012）	0. 032 *** （0. 012）
$Gender^u$		0. 144 * （0. 076）	0. 141 * （0. 075）	0. 141 * （0. 075）
$Gender^r$		－ 0. 311 *** （0. 080）	－ 0. 307 *** （0. 079）	－ 0. 307 *** （0. 079）
Age^u		0. 032 *** （0. 008）	0. 033 *** （0. 007）	0. 033 *** （0. 007）
Age^r		－ 0. 013 （0. 008）	－ 0. 014 * （0. 008）	－ 0. 014 * （0. 008）
$Father\_work^u$		0. 153 * （0. 091）	0. 158 * （0. 090）	0. 158 * （0. 090）
$Father\_work^r$		－ 0. 424 *** （0. 164）	－ 0. 433 *** （0. 159）	－ 0. 433 *** （0. 159）
$Mother\_work^u$		－ 0. 005 （0. 048）		
$Mother\_work^r$		0. 033 （0. 104）		
$Constant$	0. 088 （0. 065）	－ 0. 831 *** （0. 290）	－ 0. 818 *** （0. 279）	－ 0. 818 *** （0. 279）
Observations	1 514	1 514	1 514	1 514
R^2	0. 078	0. 123	0. 123	0. 123

注：① *** 、 ** 、 * 分别表示 1% 、5% 和 10% 的显著性水平；②模型 （1） ~ 模型 （3） 中括号内数值为标准误，模型 （4） 中括号内数值为稳健标准误。

当然，有人不禁要问：城乡被调查者的收入不平等主要取决于自身人力资本差距,而自身的人力资本差距不是又跟城乡父母之间的人力资本差距有关吗?接下来,本书将通过中介效应检验来回答这一问题,即对"城乡父母的人力资本差距—子女人力资本差距—子女收入不平等"这一传导路径进行检验,并测度自身人力资本差距对于收入不平等的解释力有多少归功于父母的人力资本代际影响。

8.4.3 中介效应分析

中介作用是指自变量通过中介变量来影响因变量的过程(Baron and Kenny,1986)。为了验证传导机制,接下来,本书将从"中介作用"角度进行计量检验。构建"城乡父母的人力资本差距—子女人力资本差距—子女收入不平等"传导路径的中介检验模型如下:

$$\ln\left(\frac{inc_i^u}{inc_i^r}\right) = \varphi_1 + \theta_{11}\left(Father\_edu_i^u - Father\_edu_i^r\right)$$
$$+ \theta_{12}\left(Mother\_edu_i^u - Mother\_edu_i^r\right) + \varepsilon_{1i} \qquad (8-4)$$

$$Edu_i^u - Edu_i^r = \varphi_2 + \theta_{21}\left(Father\_edu_i^u - Father\_edu_i^r\right)$$
$$+ \theta_{22}\left(Mother\_edu_i^u - Mother\_edu_i^r\right) + \varepsilon_{2i} \qquad (8-5)$$

$$\ln\left(\frac{inc_i^u}{inc_i^r}\right) = \varphi_3 + \theta_{31}\left(Father\_edu_i^u - Father\_edu_i^r\right)$$
$$+ \theta_{32}\left(Mother\_edu_i^u - Mother\_edu_i^r\right)$$
$$+ \theta_4\left(Edu_i^u - Edu_i^r\right) + \varepsilon_{3i} \qquad (8-6)$$

若式(8-4)、式(8-5)、式(8-6)的回归系数同时满足下列条件,则认为中介作用($Father\_edu^u - Father\_edu^r$)存在(王智波、李长洪,2016):(1)若式(8-5)中θ_{11}、θ_{12}与零有显著差异,则表明其对应的自变量、($Mother\_edu^u - Mother\_edu^r$)与因变量$\ln\left(\frac{inc^u}{inc^r}\right)$存在线性关系;(2)若式(8-5)中$\theta_{21}$、$\theta_{22}$与零有显著差异,则表明其对应的自变量($Father\_edu^u - Father\_edu^r$)和($Mother\_edu^u - Mother\_edu^r$)与因变量

（$edu^u - edu^r$）存在线性关系；（3）若式（8-6）中 θ_4 与零有显著差异，且 θ_{31}、θ_{32} 分别明显小于 θ_{11}、θ_{12}，则意味着中介变量（$edu^u - edu^r$）有助于预测因变量。若式（8-4）、式（8-5）、式（8-6）的回归系数满足上述三个条件，则说明（$Father\_edu^u - Father\_edu^r$）和（$Mother\_edu^u - Mother\_edu^r$）对 $\ln\left(\dfrac{inc^u}{inc^r}\right)$ 的影响一部分是直接影响，另一部分是通过中介变量（$edu^u - edu^r$）间接影响。进一步地，若式（8-6）中的 θ_{31}、θ_{32} 不显著，则说明（$Father\_edu^u - Father\_edu^r$）和（$Mother\_edu^u - Mother\_edu^r$）对 $\ln\left(\dfrac{inc^u}{inc^r}\right)$ 的影响全部通过（$edu^u - edu^r$）中介实现。

具体结果如表 8-10 和表 8-11 所示。其中：模型（b）和模型（c）回归结果分别满足上述条件（1）和（2）；模型（d）中城乡子女学历差距影响显著且 θ_{31}、θ_{32} 的估计值分别小于 θ_{11}、θ_{12} 的估计值，说明城乡子女学历差距起到了中介传导作用。

表 8-10　　　　　　　　2010 年城乡子女学历中介作用检验

变量	模型（b）	模型（c）	模型（d）
$Father\_edu^u -$ $Father\_edu^r$	0.030 *** (0.006)	0.180 *** (0.017)	0.008 (0.006)
$Mother\_edu^u -$ $Mother\_edu^r$	0.048 *** (0.006)	0.278 *** (0.018)	0.014 ** (0.006)
$edu^u - edu^r$			0.123 *** (0.006)
$Constant$	0.707 *** (0.030)	2.798 *** (0.087)	0.364 *** (0.032)
Observations	2 761	2 761	2 761
R^2	0.073	0.242	0.193

注：① *** 、 ** 分别表示 1% 、5% 的显著性水平；②括号内是估计系数的标准误。

表 8 - 11　　　　　　　　　　2015 年城乡子女学历中介作用检验

变量	模型 (b)	模型 (c)	模型 (d)
$Father\_edu^u -$ $Father\_edu^r$	0.022 *** (0.009)	0.049 *** (0.018)	0.016 * (0.008)
$Mother\_edu^u -$ $Mother\_edu^r$	0.010 (0.009)	0.081 *** (0.019)	0.000 (0.009)
$edu^u - edu^r$			0.123 *** (0.012)
$Constant$	0.610 *** (0.043)	4.255 *** (0.092)	0.088 (0.065)
Observations	1 514	1 514	1 514
R-squared	0.010	0.033	0.078

注：① *** 、* 分别表示 1% 、10% 的显著性水平；②括号内是估计系数的标准误。

为了检验中介效应是否显著，本书将采用索贝尔检验法，即检验系数乘积项的原假设 $H_0: \theta_4\theta_{21} = 0$、$H_0': \theta_4\theta_{22} = 0$ 成立与否。如果拒绝原假设，则中介效应显著。2010 年检验统计量为：$Z_{\theta_4\theta_{21}} = \dfrac{\theta_4\theta_{21}}{\sqrt{\theta_4^2 S_{\theta_{21}}^2 + \theta_{21}^2 S_{\theta_4}^2}} = 3.61$ 和

$Z_{\theta_4\theta_{22}} = \dfrac{\theta_4\theta_{22}}{\sqrt{\theta_4^2 S_{\theta_{22}}^2 + \theta_{22}^2 S_{\theta_4}^2}} = 3.73$；2015 年为：$Z_{\theta_4\theta_{21}} = \dfrac{\theta_4\theta_{21}}{\sqrt{\theta_4^2 S_{\theta_{21}}^2 + \theta_{21}^2 S_{\theta_4}^2}} = 2.63$ 和

$Z_{\theta_4\theta_{22}} = \dfrac{\theta_4\theta_{22}}{\sqrt{\theta_4^2 S_{\theta_{22}}^2 + \theta_{22}^2 S_{\theta_4}^2}} = 3.94$。在 10% 的显著性水平下，上述统计量均拒绝原假设，意味着城乡子女学历差距的中介效应显著。说明，城乡父母的学历差距确实会通过影响子女的学历差距进而影响他们的收入差距。

表 8 - 10 中的模型 (b) 估计结果显示，在仅含有城乡父母学历差距的回归模型中，城乡父母学历差距的边际影响为 3.0% 和 4.8% ，略高于模型 (a) 中的估计结果；表 8 - 11 中的模型 (b) 估计结果也类似。表明，城乡父母的人力资本差距对子女收入差距的影响仍然有限。城乡居民的收入不平等主要取决于自身人力资本差距，而自身人力资本差距的多少

来自父母人力资本差距的影响？可通过 $\theta_4\theta_{21}$、$\theta_4\theta_{22}$ 分别计算出自身人力资本差距对于收入不平等的影响来自父母人力资本差距的影响份额。2010年的计算结果分别为：2.2%和3.4%；2015年的计算结果分别为：0.6%和1.0%。从中容易发现，父母的人力资本代际影响份额较小，且2015年的影响比2010年要小得多。这与前述分析一致，说明父辈对子代的影响不存在固化的趋势。"寒门"出生的农村孩子受到"寒门"的不利影响在弱化，而不是在加强。

8.5

实证研究的进一步讨论

8.5.1　内生性检验

造成内生性的原因可以总结为三种情况：一是反向因果（或双向因果）关系，二是遗漏变量，三是度量误差。前两种情况讨论最为常见。式（8-1）和式（8-2）中的被解释变量即被调查者收入并不会影响被调查者的学历及其父母的学历，从而式（8-3）构不成反向因果关系。明瑟收入方程没有考虑个体能力等其他不可观测因素，式（8-1）和式（8-2）均可能存在遗漏变量问题。但由于式（8-1）和式（8-2）中含有不可观测的遗漏变量较为相似，则式（8-3）的扰动项 $\varepsilon = \varepsilon_1 - \varepsilon_0$ 可能与城乡被调查者学历差距不存在相关性，即：$\mathrm{cov}(edu_i^u - edu_i^r,\ \varepsilon_{1i} - \varepsilon_{0i}) = 0$，模型很有可能不存在内生性。不过，这需要进行进一步的检验。

内生性检验的最常用方法是豪斯曼检验（hausman test）。经过工具变量识别筛选，本书选取了城乡被调查者的婚姻状况以及农村居民的年龄作为工具变量，满足了相关和外生条件。引入城乡工作能力差变量后，分别对2010年和2015年数据进行豪斯曼检验，如表8-12和表8-13所示。检验结果表明，在1%的显著性水平下，接受了不存在内生性变量的原假设，表明式（8－3）不存在内生性问题。检验结论与上述分析结果一致，说明城乡居民的收入决定式（8－1）和式（8－2）作差之后共同的扰动因素被抵消了，也反映了式（8－1）和式（8－2）中的扰动项即使含有重要遗漏变量，其对被解释变量的影响程度也是差不多的。否则，$\varepsilon = \varepsilon_1 - \varepsilon_0$ 必然会对式（8－3）中的被解释变量产生重要影响。

表 8－12　　　　　　　　　2010 年内生性 Hausman 检验

变量	（b）	（B）	（b－B）	Sqrt［diag（V_b－V_B）］
	IV	OLS	Difference	S. E.
edu^u-edu^r	0.087	0.127	－0.040	0.050
$Father\_edu^u - Father\_edu^r$	0.015	0.008	0.007	0.008
$Mather\_edu^u - Mather\_edu^r$	0.026	0.016	0.010	0.012
work	0.015	0.029	－0.014	0.017
其他控制变量	YES	YES	—	—
Constant	0.437	0.300	0.137	0.171

Test：Ho：difference in coefficients not systematic
chi2(4) = (b－B)′[(V_b－V_B)^(－1)](b－B) = 0.69　　　Prob > chi2 = 0.9834

表 8－13　　　　　　　　　2015 年内生性 Hausman 检验

变量	（b）	（B）	（b－B）	Sqrt［diag（V_b－V_B）］
	IV	OLS	Difference	S. E.
edu^u-edu^r	0.185	0.141	0.044	0.018
$Father\_edu^u - Father\_edu^r$	0.016	0.017	－0.001	0.001
$Mather\_edu^u - Mather\_edu^r$	0.005	0.006	－0.001	0.001
work	0.070	0.051	0.018	0.012
其他控制变量	YES	YES	—	—
Constant	－0.312	－0.089	－0.223	0.142

Test：Ho：difference in coefficients not systematic
chi2(4) = (b－B)′[(V_b－V_B)^(－1)](b－B) = 2.46　　　Prob > chi2 = 0.7825

8.5.2　稳健性检验

表 8-8 和表 8-9 中的模型（1）、模型（2）、模型（3）和模型（4）是利用逐步回归法对解释变量和控制变量的不同组合进行回归的结果。从估计结果来看，解释变量的参数估计值较为稳健。这是从变量角度来讨论模型估计的稳健性，接下来将从样本角度讨论模型估计的稳健性。本书基于剔除匹配样本中城乡收入差距过大的样本观测数据进行重新回归，比较估计结果是否发生了明显改变。根据国家统计局报告，2012 年城乡居民人均可支配收入比为 2.88，党的十八大以来我国城乡居民收入差距不断缩小，2016 年城乡居民人均可支配收入之比下降为 2.72。本书剔除了 2010 年和 2015 年匹配样本中城乡收入比 $\dfrac{Inc^u}{Inc^r} \geqslant 5$ 的样本观测，重新回归结果如表 8-14 和表 8-15 所示。

表 8-14　　　基于 2010 年剔除匹配样本数据极端值的回归结果

变量	模型（1）	模型（2）	模型（3）	模型（4）
$Edu^u - Edu^r$	0.048 *** （0.005）	0.047 *** （0.005）	0.047 *** （0.005）	0.046 *** （0.005）
$Father\_edu^u -$ $Father\_edu^r$	-0.001 （0.004）	-0.003 （0.004）	-0.003 （0.004）	
$Mother\_edu^u -$ $Mother\_edu^r$	0.012 *** （0.004）	0.013 *** （0.005）	0.013 *** （0.005）	0.011 *** （0.004）
$Gender^u$		0.126 *** （0.036）	0.126 *** （0.036）	0.127 *** （0.036）
$Gender^r$		-0.249 *** （0.037）	-0.249 *** （0.037）	-0.249 *** （0.037）
Age^u		0.005 *** （0.002）	0.005 *** （0.002）	0.006 *** （0.002）

续表

变量	模型（1）	模型（2）	模型（3）	模型（4）
Age^r		0. 008 ***	0. 008 ***	0. 008 ***
		（0. 002）	（0. 002）	（0. 002）
$Father\_work^u$		− 0. 079 **	− 0. 080 **	− 0. 083 **
		（0. 036）	（0. 036）	（0. 036）
$Father\_work^r$		− 0. 118 ***	− 0. 115 ***	− 0. 109 **
		（0. 043）	（0. 043）	（0. 043）
$Mother\_work^u$		0. 049 **	0. 049 **	0. 049 **
		（0. 024）	（0. 024）	（0. 024）
$Mother\_work^r$		0. 054		
		（0. 048）		
Constant	0. 136 ***	− 0. 144	− 0. 092	− 0. 091
	（0. 022）	（0. 146）	（0. 138）	（0. 138）
Observations	1 777	1 777	1 777	1 777
R^2	0. 086	0. 134	0. 133	0. 133

注：①***、**分别表示1%、5%的显著性水平；②模型（1）~模型（3）中括号内数值为标准误，模型（4）中括号内数值为稳健标准误。

表 8 – 15　　　基于 2015 年剔除匹配样本数据极端值的回归结果

变量	模型（1）	模型（2）	模型（3）	模型（4）
$Edu^u - Edu^r$	0. 061 ***	0. 119 ***	0. 126 ***	0. 126 ***
	（0. 008）	（0. 023）	（0. 021）	（0. 021）
$Father\_edu^u -$ $Father\_edu^r$	0. 001	0. 008	0. 009	0. 009
	（0. 005）	（0. 006）	（0. 006）	（0. 006）
$Mother\_edu^u -$ $Mother\_edu^r$	− 0. 001	0. 018 **	0. 020 **	0. 020 **
	（0. 006）	（0. 008）	（0. 008）	（0. 008）
$Gender^u$		0. 042		
		（0. 051）		
$Gender^r$		− 0. 080	− 0. 071	− 0. 071
		（0. 055）	（0. 053）	（0. 053）

变量	模型（1）	模型（2）	模型（3）	模型（4）
Age^u		0.017 *** (0.005)	0.018 *** (0.005)	0.018 *** (0.005)
Age^r		− 0.013 ** (0.005)	− 0.014 *** (0.005)	− 0.014 *** (0.005)
$Father\_work^u$		0.161 *** (0.062)	0.177 *** (0.059)	0.177 *** (0.059)
$Father\_work^r$		− 0.229 ** (0.110)	− 0.251 ** (0.103)	− 0.251 ** (0.103)
$Mother\_work^u$		0.007 (0.033)		
$Mother\_work^r$		− 0.086 (0.068)	− 0.089 (0.067)	− 0.089 (0.067)
$Constant$	− 0.026 (0.042)	− 0.419 ** (0.196)	− 0.420 ** (0.193)	− 0.420 ** (0.193)
Observations	1 050	1 050	1 050	1 050
R^2	0.053	0.076	0.075	0.075

注：① *** 、 ** 分别表示1%、5%的显著性水平；②模型（1）~模型（3）中括号内数值为标准误，模型（4）中括号内数值为稳健标准误。

表8－14中的模型（1）为不含有控制变量的回归结果，其结果为：城乡居民受教育年限差距每增加一年，其收入不平等平均扩大4.8%；城乡父亲学历差距对子女收入不平等没有显著影响，城乡母亲的受教育年限差距每增加一年，其对子女收入不平等的影响程度仅扩大1.2%；引入控制变量之后的模型（2）估计结果显示，城乡母亲学历差距对子女收入不平等仍然有显著正影响，父亲学历差距对子女收入不平等依然没有显著影响，其影响程度与模型（3）、模型（4）中的估计结果基本一致，分别约扩大1.3%。子女本身学历差距对于收入不平等的影响减小，即子女受教育年限差距每增加一年，其收入不平等平均扩大4.6%。

表 8 - 15 中的模型（1）为不含有控制变量的回归结果，其结果为：城乡居民受教育年限差距每增加一年，其收入不平等平均扩大 6.1%；城乡父母学历差距对子女收入不平等均没有显著影响；引入控制变量之后的模型（2）估计结果显示，城乡父亲学历差距对子女收入不平等仍然没有显著影响，城乡母亲学历差距对子女收入不平等有显著正影响，其影响程度与模型（3）、模型（4）中的估计结果基本一致，分别约扩大 1.8%。子女本身学历差距对于收入不平等的影响增大，即子女受教育年限差距每增加一年，其收入不平等平均扩大 12.6%。表 8 - 14 和表 8 - 15 结果表明，剔除极端值后回归结果与原回归结果大体基本一致，式（8 - 3）估计结果稳健。

8.5.3　"二元体制"的政策影响评估

前文指出了党的十八大以来"二元体制"的影响在弱化，实际观测是否支持这一判断，需要实证评估。双重差分法（DID）是政策效果评价的一个标准方法。其做法首先是将研究对象分为处理组和对照组。其中，处理组为农村居民，一直受到"二元体制"的影响，但其影响在党的十八大前后可能会发生很大变化；对照组为城市居民，与农村居民相比，其受到"二元体制"的作用并没有那么强烈，党的十八大之后的"二元体制"改革是对农民利益的一种返还，不能认为是对城市居民利益的剥夺。本书将运用双重差分法评估党的十八大前后城乡收入不平等是否明显缩小。本书以党的十八大为时期虚拟变量，党的十八大"二元体制"改革之前选取的是进行倾向得分匹配后的 2010 年数据，党的十八大"二元体制"改革之后选取的是进行倾向得分匹配后的 2015 年数据。差分过程首先是计算党的十八大前后即 2010 年与 2015 年农村与城镇居民的平均收入差距（第一次差分），然后将党的十八大前后的城乡居民平均收入差距再进行比较（第二次差分），DID 检验结果如表 8 - 16 所示。

表 8 – 16 双重差分检验结果

Outcome Variable（s）	党的十八大之前			党的十八大之后			DIFF – IN – DIFF
	控制组	处理组	Diff	控制组	处理组	Diff	
ln(Inc)	9.903	9.010	– 0.893	10.423	9.666	– 0.757	0.136
Std. Error	0.019	0.019	0.027	0.026	0.031	0.040	0.049
P > |t	0	0	0	0	0	0	0.005

从表 8 – 16 可以看出，在 1% 的显著性水平上，党的十八大之后的"二元体制"改革明显放松了对于农村居民的管制，农村居民收入在党的十八大之后比城镇居民有更快的增长。CGSS 数据显示了 2010 年和 2015 年城乡居民的收入变化，农村居民平均收入从 14 597.79 元增加到 29 241.68 元，增加了 14 643.89 元；城镇居民平均收入从 34 134.61 元增加到 47 544.66 元，增加了 13 410.05 元。比较发现，农村居民收入的平均增长额比城镇居民收入的平均增长额高出 1 233.84 元。DID 检验反映了其高出额具有统计意义，表明了党的十八大以来"二元体制"改革缩小了城乡居民的收入差距，"二元体制"没有呈现阶层固化作用。

8.6

本章小结

"二元体制"造成了中国的城乡分割，以城市偏向和户籍管制为主要特征的政策安排导致了城乡教育投入和就业收入的不平衡。出生"寒门"的农村子女似乎更难向上流动，阶层固化言论不绝于耳。但党的十八大以来，随着中国改革步伐的深入推进，城乡一体化进程加快，城乡家庭子女之间的收入差距还会继续扩大吗？本书基于城乡父母人力资本代际传递与子女收入的关系视角利用 2010 年和 2015 年中国综合社会调查（CGSS）城乡家庭匹配数据实证回答了这一问题。研究得出：

（1）城乡父母的人力资本代际传递差异对于子女收入不平等的影响

远远小于城乡子女本身的人力资本差距影响，前者受教育年限差距每增加一年，子女收入不平等仅扩大 2% ~ 5%，而后者受教育年限差距每增加一年，其收入不平等扩大了 16% ~ 20%。

（2）实证检验证实了城乡父母的人力资本代际传递差异能够导致子女的人力资本差距扩大，从而传导影响子女的收入不平等。不过，中介传导模型估计结果显示，在城乡子女人力资本差距对其收入不平等的影响中来自父母人力资本代际传递的各自贡献由 2010 年的 2.2% 和 3.4% 降至 2015 年的 0.6% 和 1%，不仅表明了城乡父母代际影响差距依然较小，而且也反映了"二元体制"的影响在弱化。

（3）以党的十八大为时间虚拟变量，分别以城乡户籍居民为控制组和处理组，DID 政策评估结果显示，在 0.01 的显著性水平下，党的十八大前后相比，城乡一体化改革明显缩小了城乡收入不平等，从而进一步验证了"二元体制"影响在党的十八大之后明显减弱，农村居民收入获得了更快增长。

上述结论表明，人们的认知、判断容易受到一些煽情的个案新闻所影响，从而以偏概全地认为社会阶层严重固化，农村子女难有出头之日。本书基于中国综合社会调查数据，以严谨的经济计量方法告诉大家，城乡子女的收入不平等主要取决于自身的人力资本差异，受到城乡父母人力资本代际传递差异的影响并不大，党的十八大以后的"二元体制"影响也越来越弱。随着中国改革开放的力度越来越大，我们相信寒门子弟的上升通道将越来越宽。需要指出的是，本书研究是基于人力资本代际传递视角讨论城乡收入的不平等现象，并没有考虑自身以及父母的社会资本等因素影响。不过，正如内生性问题讨论所指出的那样，尽管可能存在一些变量遗漏，但城乡收入决定的明瑟方程在作差的过程中消除了这些因素的部分影响，不大可能对参数估计的无偏性产生影响。

第 *9* 章

改善人力资本投资，推动共同富裕

习近平总书记在 2021 年指出，共同富裕是社会主义的本质要求，是中国式现代化的重要特征①。促进共同富裕，需要提升全社会人力资本和专业技能，提高就业创业能力，增强致富本领；防止社会阶层固化，畅通向上流动通道，给更多人创造致富机会，避免"内卷"和"躺平"。因此，改善人力资本投资是推动共同富裕的一项重要的基础性工作。

按照劳动经济学理论，居民收入主要取决于自身人力资本。实现共同富裕，必须大力改善人力资本投资的不平衡、不充分与人们日益增长的收入需求之间的矛盾。坚持以人力资本供给侧改革为主线，提质增效，并注重需求侧，精准匹配施策，公平配置基础教育资源，加大职业技术教育投入，提升高等教育人才培养质量，走出一条公平与效率兼顾、供给与需求匹配、短期与长期结合的人力资本投资道路，稳中求进，循序渐进推动共同富裕。

9. 1

打破城乡制度壁垒，促进人力资本代际流动

"江山就是人民，人民就是江山"②，坚持以人民为中心，实现人人机会平等，接受公平的基础教育是每一位中国公民应该享有的权利。城乡二

---

① 习近平. 扎实推动共同富裕 [J]. 求是，2021 (20)：1-2.
② 习近平. 在党史学习教育动员大会上的讲话 [EB/OL]. 中共中央党校，2021-03-21.

元体制造成了乡村小学师资匮乏、"隔代教育""留守儿童"等现象的出现，严重地阻碍了乡村儿童享有公平教育以及父母的"言传身教"和情感温暖，影响了人力资本代际流动。为了防止社会阶层固化，实现代际人力资本向上流动，必须打破以户籍制度为核心的二元体制壁垒，促进要素跨地区自由流动和公平教育机会。因此，一是要尽可能放宽城市落户条件，实现务工子女就地就近入学；二是实施乡村教育振兴计划，激励高校优秀毕业生返乡支教；三是公平配置城乡教育资源，无论是城乡之间，还是城市内部，均衡配置教育资源；四是在私人人力资本投资差距难以消除的情况下，可以通过增加公共人力资本投资来缩小人力资本投资整体差距，进而实现人力资本投资均等化，尤其是人力资本公共投资的均等化，是缩小人与人之间发展差距、实现共同富裕的长期路径。

9. 2

深化基础教育改革，塑造人力资本发展潜力

中国经济的高质量发展要求，以及人口老龄化的叠加影响，决定了塑造人力资本长期红利的极端重要性。为此，需要深化基础教育的供给侧改革，注重均等化和高质量，不断塑造包括认知思维、能力素质、健康品质在内的人力资本发展潜力。注重均等化，就是要在同一地区基础教育资源的配置不应有城乡之别、学区之别，公平是优先的考量；注重高质量，就是要实现基础教育的高质量供给，打造课堂金课，将传统唯分数论的结果导向转换为持续改进的学习过程考核，通过浸润式、启发式教学培养学生浓厚的求知欲和好奇心，通过课外活动锤炼意志、品格和体魄。实现学校正规教育的高质量供给，有效满足家庭对于子女人力资本投资需求，"双减"才能真正取得实效。除此之外，还要进一步加大改革力度，探索取消中考强制分流的做法，助力人力资本未来发展潜力生成。

9.3

加大职业技能培训，提升农民工人力资本水平

共同富裕不仅是分配问题，而且也是生产问题，要在经济高质量发展中促进共同富裕，离不开高素质的劳动力。据国家统计局最新数据显示，2020 年我国农民工规模占到了全国总人口的 20%，并且 70% 为初中及以下学历①。加大农民工的职业技能培训，提升农民工人力资本水平，不仅必要，而且刻不容缓。因此，一是建立职业教育的激励机制，与德国教育体系的"双元制"强化了职业教育的重要性相比。尽管从顶层设计来说，我国不可谓不重视职业教育的重要性，但由于社会家庭的偏见和歧视，参加职业教育的积极性并不高，出台和完善激励机制，加大培训投入势在必行。二是借助大数据技术协调推进政府、企业、职业学校和农民工个体形成四方联动机制，解决信息不对称问题，提高培训的参与度和有效性。三是构建完善的社会保障体系，兜底帮扶解决农民工由于参加培训带来的额外负担和生活困难问题。四是以市场需求为导向，采用"委托式""订单式"等人才培养模式，畅通就业渠道，提高培训获得感。

9.4

深化高等教育改革，全面提高人力资本质量

中国的高等教育早已不是精英教育，而是大众化教育。与之相适应的人才培养模式可以考虑"宽进严出"。改革当前"宽进"不宽、"严出"不严的局面，就是要让学生以较低的门槛进入大学获取更高人力资本提升的机会，以较高的门槛毕业以保证人力资本的培养质量。前者相对较为容易实现，但后者却面临诸多约束。改革尝试：一是降低大学准入门槛，提

---

① 资料来源：国家统计局网站。

高大学入学率，尤其是适当提高重点高校的招生规模，以满足人民群众对于优质教育资源的需求；二是对于不同类型的高校，分类设置人才培养目标以及教育部统一认定的学位授予门槛，突出教学的"高阶性""创新性"和"挑战度"，满足行业、地方和社会对于人力资本的差异化需求；三是改变当前以"毕业率""就业率"等简单的量化指标考核高校的做法，替换之的应是反映人才培养质量以及高质量就业的指标体系；四是要有长远战略眼光，构建激励机制，加大基础学科和交叉学科人才培养力度，储备国家未来发展的战略型人才。

9.5

合理配置人力资本，推动全体人民共同富裕

改善人力资本投资不仅提高人力资本水平，而且还涉及如何配置人力资本。在完全竞争市场，工资等于劳动的边际产出，意味着提高收入必须将人力资本配置到"人尽其才"的位置。习近平总书记在中央人才工作会议上强调，要用好用活各类人才，让有真才实学的人才英雄有用武之地，要为各类人才搭建干事创业的平台，构建充分体现知识、技术等创新要素价值的收益分配机制，让事业激励人才，让人才成就事业①。因此，配置好人力资本，有助于人力资本作为要素投入的产出增长，提高收入，促进共同富裕。然而，从人力资本的规模和结构来看人力资本配置对于共同富裕的影响，有来自两方面挑战：一是人工智能、大数据、物联网等新一轮科技革命可能会进一步提高资本回报占比，降低劳动力报酬占国民收入的比重，从而对共同富裕产生不利影响；二是不同人力资本之间的结构性差异可能导致高技术劳动力与中低技术劳动力之间存在收入分化现象。

理解上述挑战，必须辩证地看待共同富裕问题。

改革开放后，中国共产党深刻总结正反两方面历史经验，认识到贫穷

---

① 习近平出席中央人才工作会议并发表重要讲话［EB/OL］. 新华社，2021－09－28.

不是社会主义，打破传统体制束缚，允许一部分人、一部分地区先富起来，推动解放和发展社会生产力。这一认识非常深刻，分好"蛋糕"，须有"蛋糕"可分，须做"大蛋糕"。同样，新一轮科技革命和产业变革有力推动了经济发展，在提高社会总财富的同时，对收入分配可能带来一些负面影响，但比较而言，利大于弊。另外，对于不同人力资本之间的合理收入差距，应承认其正当性，这恰恰反映了提升人力资本的重要性。我们要反对的是，无论是外部的技术变革冲击，还是内部的人力资本结构差异影响，不同人群的收入差距悬殊或者过分拉大是不符合社会主义本质要求的。应对策略是要构建初次分配、再分配、三次分配协调配套的基础性制度安排，加大税收、社保、转移支付等调节力度并提高精准性，合理调节高收入。习近平总书记指出，共同富裕不是少数人的富裕，也不是整齐划一的平均主义；共同富裕是一个长远目标，需要一个过程，不可能一蹴而就[1]。因此，辩证地看待共同富裕问题，努力促进社会公平正义，全面提高并合理配置人力资本投资，将会使全体人民朝着共同富裕目标扎实迈进。

---

① 习近平. 扎实推动共同富裕 [J]. 求是，2021 (20).

参 考 文 献

[1] [英] 阿瑟·刘易斯, 著. 周师铭, 译. 经济增长理论 (中译本) [M]. 北京: 商务印书馆, 1999.

[2] [美] 巴泽尔, 著. 费方域, 段毅才, 译. 产权的经济分析 [M]. 上海: 上海人民出版社, 1997.

[3] 蔡昉. 城乡收入差距与制度变革的临界点 [J]. 中国社会科学, 2003 (5): 16 – 25, 205.

[4] 蔡浩仪, 徐忠. 消费信贷、信用分配与中国经济发展 [J]. 金融研究, 2005 (9): 63 – 75.

[5] 钞小静, 沈坤荣. 城乡收入差距、劳动力质量与中国经济增长 [J]. 经济研究, 2014, 49 (6): 30 – 43.

[6] 陈斌开, 林毅夫. 发展战略、城市化与中国城乡收入差距 [J]. 中国社会科学, 2013 (4): 81 – 102, 206.

[7] 陈斌开, 张鹏飞, 杨汝岱. 政府教育投入、人力资本投资与中国城乡收入差距 [J]. 管理世界, 2010 (1): 36 – 43.

[8] 陈琳, 袁志刚. 中国代际收入流动性的趋势与内在传递机制 [J]. 世界经济, 2012, 35 (6): 115 – 131.

[9] 陈其进, 陈华. 中国居民个体风险态度及影响因素分析——基于城镇居民、农民工和农村居民的对比研究 [J]. 上海经济研究, 2014 (12): 78 – 89.

[10] 陈其进. 风险偏好对创业选择的异质性影响——基于 RUMIC 2009 数据的实证研究 [J]. 人口与经济, 2015 (2): 78 – 86.

［11］陈钊，万广华，陆铭．行业间不平等：日益重要的城镇收入差距成因——基于回归方程的分解［J］．中国社会科学，2010（3）：65 - 76，221．

［12］陈宗胜，王晓云，周云波．新时代中国特色社会主义市场经济体制逐步建成——中国经济体制改革四十年回顾与展望［J］．经济社会体制比较，2018，198（4）：24 - 41．

［13］陈宗胜．经济发展中的收入分配［M］．上海：上海三联书店，1991．

［14］程开明，李金昌．城市偏向、城市化与城乡收入差距的作用机制及动态分析［J］．数量经济技术经济研究，2007（7）：116 - 125．

［15］崔颖，刘宏．认知能力与中老年家庭金融资产配置［J］．南开经济研究，2019（1）：82 - 99．

［16］［美］道格拉斯·诺思，著．杭行，译．制度、制度变迁与经济绩效（中译本）［M］．上海：上海格致出版社，2008．

［17］邓曲恒．中国农村居民教育水平的决定因素［D］．北京：中国社会科学院研究生院，2003．

［18］邓旋．财政支出规模、结构与城乡收入不平等——基于中国省级面板数据的实证分析［J］．经济评论，2011（4）：63 - 69．

［19］杜伟，杨志江，夏国平．人力资本推动经济增长的作用机制研究［J］．中国软科学，2014（8）：173 - 183．

［20］冯丹．高学历者受教育程度与消费行为的相关性分析［D］．重庆：西南大学，2008．

［21］干春晖，郑若谷，余典范．中国产业结构变迁对经济增长和波动的影响［J］．经济研究，2011，46（5）：4 - 16，31．

［22］高彦彦．城市偏向、城乡收入差距与中国农业增长［J］．中国农村观察，2010（5）：2 - 13．

［23］龚漪沁．文化程度、健康水平与家庭资产选择［D］．广州：广东财经大学，2015．

[24] 顾国达，郭爱美，文雁兵. 制度对人力资本红利的双重效应研究 [J]. 中国人口科学，2013（3）：65 - 76，127.

[25] 管伟. 80 后消费调查报告：学历越高越不爱存钱 [N]. 金陵晚报，2014 - 06 - 04.

[26] 郭剑雄. 人力资本、生育率与城乡收入差距的收敛 [J]. 中国社会科学，2005（3）：27 - 37，205.

[27] 国务院发展研究中心课题组. 农民工市民化进程的总体态势与战略取向 [J]. 改革，2011（5）：5 - 29.

[28] 何丽芬，吴卫星，徐芊. 中国家庭负债状况、结构及其影响因素分析 [J]. 华中师范大学学报（人文社会科学版），2012，51（1）：59 - 68.

[29] 何石军，黄桂田. 中国社会的代际收入流动性趋势：2000 - 2009 [J]. 金融研究，2013（2）：19 - 32.

[30] 洪兴建，李金昌. 两极分化测度方法述评与中国居民收入两极分化 [J]. 经济研究，2007（11）：139 - 153.

[31] 侯风云，付洁，张凤兵. 城乡收入不平等及其动态演化模型构建——中国城乡收入差距变化的理论机制 [J]. 财经研究，2009，35（1）：4 - 15，48.

[32] 胡振，何婧，臧日宏. 健康对城市家庭金融资产配置的影响——中国的微观证据 [J]. 东北大学学报（社会科学版），2015，17（2）：148 - 154.

[33] 胡振. 金融素养对城镇家庭金融资产选择的影响研究 [D]. 北京：中国农业大学，2017.

[34] 李波. 中国城镇家庭金融风险资产配置对消费支出的影响——基于微观调查数据 CHFS 的实证分析 [J]. 国际金融研究，2015（1）：83 - 92.

[35] 李凤，罗建东，路晓蒙，邓博夫，甘犁. 中国家庭资产状况、变动趋势及其影响因素 [J]. 管理世界，2016（2）：45 - 56，187.

［36］李宏彬，孟岭生，施新政，吴斌珍．父母的政治资本如何影响大学生在劳动力市场中的表现？——基于中国高校应届毕业生就业调查的经验研究［J］．经济学（季刊），2012，11（3）：1011－1026．

［37］李琳，逯进，陈阳．信任度、人力资本与家庭金融资产合理配置——基于 CHIP 的家庭数据实证分析［J］．金融理论探索，2018（1）：14－23．

［38］李旻，赵连阁，谭洪波．农村地区家庭教育投资的影响因素分析——以河北省承德市为例［J］．农业技术经济，2006（5）：73－78．

［39］李卫兵．地位收益：中国城乡收入差距日益扩大的原因［J］．中国农村经济，2005（12）：29－34．

［40］李心丹，肖斌卿，俞红海，宋建华．家庭金融研究综述［J］．管理科学学报，2011，14（4）：74－85．

［41］李岩，赵尚梅，赵翠霞．城郊失地农民家庭资产选择的特征及其心理机制分析——基于行为经济学视角［J］．中国农业大学学报，2019，24（4）：219－227．

［42］厉以宁．城乡二元体制改革可以带来最大改革红利［N］．北京日报，2013－06－24．

［43］厉以宁．论城乡二元体制改革［J］．北京大学学报（哲学社会科学版），2008（2）：5－11．

［44］林光彬．等级制度、市场经济与城乡收入差距扩大［J］．管理世界，2004（4）：30－40，50．

［45］林群．代际间人力资本传递与劳动力就业机会不平等——基于 CGSS 2006 数据的实证分析［J］．教育研究与实验，2015（4）：47－49，96．

［46］林莞娟，张戈．教育的代际流动：来自中国学制改革的证据［J］．北京师范大学学报（社会科学版），2015（2）：118－129．

［47］林毅夫，龚强．发展战略与经济制度选择［J］．管理世界，2010（3）：5－13．

[48] 刘社建，徐艳．城乡居民收入分配差距形成原因及对策研究 [J]．财经研究，2004（5）：93－103．

[49] 刘松涛，王毅鹏，王林萍．家庭风险金融资产投资行为及其影响因素分析——基于家庭禀赋视角和 CGSS 2013 数据 [J]．湖南农业大学学报（社会科学版），2017，18（6）：106－113．

[50] 刘志强，谢家智．户籍制度改革与城乡收入差距缩小：来自重庆的经验证据 [J]．农业技术经济，2014（11）：31－39．

[51] 卢盛峰，陈思霞，张东杰．教育机会、人力资本积累与代际职业流动——基于岳父母/女婿配对数据的实证分析 [J]．经济学动态，2015（2）：19－32．

[52] 鲁斯玮，罗荷花，陈波．中国家庭风险金融资产投资决策影响因素及其区域性差异——基于 CGSS 2015 数据 [J]．金融理论与实践，2018（8）：51－57．

[53] 陆铭，陈钊．城市化、城市倾向的经济政策与城乡收入差距 [J]．经济研究，2004（6）：50－58．

[54] 潘丽群，李静，踪家峰．教育同质性婚配与家庭收入不平等 [J]．中国工业经济，2015（8）：35－49．

[55] 彭秀健，麦音华，何昱．论户籍制度改革对城乡居民收入差距的影响——动态一般均衡分析 [J]．劳动经济研究，2013（1）：84－103．

[56] 石磊，张翼．政策偏向、双重结构失衡与城乡收入不均等 [J]．上海经济研究，2010（5）：3－12．

[57] 收入分配不公：最严重收入差距在城乡之间 [EB/OL]．人民日报，2015－11－23．

[58] 孙敬水，于思源．物质资本、人力资本、政治资本与农村居民收入不平等——基于全国31个省份2 852份农户问卷调查的数据分析 [J]．中南财经政法大学学报，2014（5）：141－149，160．

[59] 孙三百，黄薇，洪俊杰．劳动力自由迁移为何如此重要？——基于代际收入流动的视角 [J]．经济研究，2012，47（5）：147－159．

[60] 孙永强，颜燕. 我国教育代际传递的城乡差异研究——基于中国家庭追踪调查（CFPS）的实证分析 [J]. 北京师范大学学报（社会科学版），2015（6）：59–67.

[61] 谭灵芝，孙奎立. 民族地区代际收入流动及其影响因素——基于南疆地区的实证研究 [J]. 中国人口科学，2017（1）：102–114，128.

[62] 田青，马健，高铁梅. 我国城镇居民消费影响因素的区域差异分析 [J]. 管理世界，2008（7）：27–33.

[63] 王聪，田存志. 股市参与、参与程度及其影响因素 [J]. 经济研究，2012，47（10）：97–107.

[64] 王聪，张海云. 中美家庭金融资产选择行为的差异及其原因分析 [J]. 国际金融研究，2010（6）：55–61.

[65] 王海港. 中国居民收入分配的代际流动 [J]. 经济科学，2005（2）：18–25.

[66] 王金营. 制度变迁对人力资本和物质资本在经济增长中作用的影响 [J]. 中国人口科学，2004（4）：11–17.

[67] 王丽君，岳红军. 青年消费价值观影响因素探究 [J]. 中国青年研究，2013（4）：56–59，96.

[68] 王学龙，袁易明. 中国能否跨越中等收入陷阱——制度公平和人力资本的视角 [J]. 经济评论，2015（6）：3–16.

[69] 王智波，李长洪. 好男人都结婚了吗？——探究我国男性工资婚姻溢价的形成机制 [J]. 经济学（季刊），2016，15（3）：917–940.

[70] 魏后凯. 构建多元化的农民市民化成本分担机制 [N]. 中国社会科学报，2013–03–01.

[71] 魏昭，蒋佳伶，杨阳，宋晓巍. 社会网络、金融市场参与和家庭资产选择——基于CHFS数据的实证研究 [J]. 财经科学，2018（2）：28–42.

[72] 温忠麟，叶宝娟. 中介效应分析：方法和模型发展 [J]. 心理科学进展，2014，22（5）：731–745.

[73] 温忠麟，张雷，侯杰泰，刘红云．中介效应检验程序及其应用 [J]．心理学报，2004（5）：614－620．

[74] 吴洪，徐斌，李洁．社会养老保险与家庭金融资产投资——基于家庭微观调查数据的实证分析 [J]．财经科学，2017（4）：39－51．

[75] 吴培冠．人力资本流动对区域经济增长差异之影响 [J]．中山大学学报（社会科学版），2009，49（5）：200－208．

[76] 吴雨，彭嫦燕，尹志超．金融知识、财富积累和家庭资产结构 [J]．当代经济科学，2016，38（4）：19－29，124－125．

[77] 谢勇．人力资本与收入不平等的代际间传递 [J]．上海财经大学学报，2006（2）：49－56．

[78] 谢宇．家庭是社会不平等的罪魁祸首吗？ [EB/OL]．新浪网，2015－11－11．

[79] 邢春冰．中国农村非农就业机会的代际流动 [J]．经济研究，2006（9）：103－116．

[80] 薛进军，园田正，荒山裕行．中国的教育差距与收入差距——基于深圳市住户调查的分析 [J]．中国人口科学，2008（1）：19－29，95．

[81] 阳义南，连玉君．中国社会代际流动性的动态解析——CGSS 与 CLDS 混合横截面数据的经验证据 [J]．管理世界，2015，259（4）：79－91．

[82] 杨丽，陈超．医疗公共品供给对农村居民消费的影响——基于预防性储蓄的视角 [J]．农业技术经济，2015（9）：57－63．

[83] 叶春辉，封进，王晓润．收入、受教育水平和医疗消费：基于农户微观数据的分析 [J]．中国农村经济，2008（8）：16－24．

[84] 叶德珠，连玉君，黄有光，李东辉．消费文化、认知偏差与消费行为偏差 [J]．经济研究，2012，47（2）：80－92．

[85] 尹志超，宋全云，吴雨．金融知识、投资经验与家庭资产选择 [J]．经济研究，2014，49（4）：62－75．

［86］余向荣. 人力资本形成中的家庭纽带与社会互动 ［J］. 经济学（季刊），2015，14（1）：51－64.

［87］张兵，吴鹏飞. 收入不确定性对家庭金融资产选择的影响——基于 CHFS 数据的经验分析 ［J］. 金融与经济，2016（5）：28－33.

［88］张车伟. 附着利益是改革重点，户籍制度彻底消失困难 ［EB/OL］. 中国广播网，2012－06－27.

［89］张涤新，于润. 提高国民教育水平与刺激消费的多因素分析 ［J］. 数量经济技术经济研究，2002（3）：90－93.

［90］张东辉，司志宾. 人力资本投资、就业双轨制与个体收入差距——收入差距问题代际间资本转移视角的一种解释 ［J］. 福建论坛（人文社会科学版），2007（10）：14－19.

［91］张国胜. 基于社会成本考虑的农民工市民化：一个转轨中发展大国的视角与政策选择 ［J］. 中国软科学，2009（4）：56－69，79.

［92］张海洋，耿广杰. 生活满意度与家庭金融资产选择 ［J］. 中央财经大学学报，2017（3）：48－58.

［93］张梁梁，林章悦. 我国居民文化消费影响因素研究——兼论文化消费的时空滞后性 ［J］. 经济问题探索，2016（8）：56－64.

［94］张苏，曾庆宝. 教育的人力资本代际传递效应述评 ［J］. 经济学动态，2011（8）：127－132.

［95］张学敏，陈星. 教育：为何与消费疏离 ［J］. 教育研究，2016（5）：48－54.

［96］张学敏，何西宁. 受教育程度对居民消费影响研究 ［J］. 教育与经济，2006（3）：1－5.

［97］张燕. 家庭金融资产选择的行为偏好及影响因素研究 ［D］. 重庆：西南大学，2016.

［98］周其仁. 体制成本与中国经济 ［J］. 经济学（季刊），2017，16（3）：859－876.

［99］周钦，袁燕，臧文斌. 医疗保险对中国城市和农村家庭资产选

择的影响研究 [J]. 经济学（季刊），2015，14（3）：931 - 960.

　　[100] 周世军，李清瑶，崔立志. 父母学历与子女教育——基于 CGSS 微观数据的实证考察 [J]. 教育与经济，2018（3）：48 - 55，76.

　　[101] 周世军，周勤. 户籍制度、非农就业"双重门槛"与城乡户籍工资不平等——基于 CHNS 微观数据的实证研究 [J]. 金融研究，2012（9）：101 - 114.

　　[102] 周世军，周勤. 政策偏向、收入偏移与中国城乡收入差距扩大 [J]. 财贸经济，2011（7）：29 - 37.

　　[103] 周世军，周勤. 中国中西部地区"集聚式"承接东部产业转移了吗？——来自 20 个两位数制造业的经验证据 [J]. 科学学与科学技术管理，2012，33（10）：67 - 79.

　　[104] 周兴，张鹏. 代际间的收入流动及其对居民收入差距的影响 [J]. 中国人口科学，2013（5）：50 - 59.

　　[105] 周兴，张鹏. 代际间的职业流动与收入流动——来自中国城乡家庭的经验研究 [J]. 经济学（季刊），2015，55（1）：351 - 372.

　　[106] 周业安，左聪颖，袁晓燕. 偏好的性别差异研究：基于实验经济学的视角 [J]. 世界经济，2013，36（7）：3 - 27.

　　[105] 朱涛，卢建，朱甜，韩湜. 中国中青年家庭资产选择：基于人力资本、房产和财富的实证研究 [J]. 经济问题探索，2012（12）：170 - 177.

　　[108] 邹薇，郑浩. 贫困家庭的孩子为什么不读书：风险、人力资本代际传递和贫困陷阱 [J]. 经济学动态，2014（6）：16 - 31.

　　[109] Agee M. D., Crocker T. D. Household Environmental Protection and the Intergenerational Transmission of Human Capital [J]. Journal of Economic Psychology, 2000, 21 (6): 673 - 690.

　　[110] Anastasopoulos A. Financial Investment and Human Capital During Life Cycle [J]. Ssrn Electronic Journal, 2014.

　　[111] Andreou S. N., Koutsampelas C. Intergenerational Mobility and

Equality of Opportunity in Higher Education in Cyprus [J]. International Journal of Educational Development, 2015, 41: 80 – 87.

[112] Arrondel L. Financial Literacy and Asset Behaviour: Poor Education and Zero for Conduct? [J]. Comparative Economic Studies, 2018, 60 (1): 144 – 160.

[113] Athreya K. B., Neelakantan U. Stock Market Investment: The Role of Human Capital [J]. Finance & Economics Discussion, 2015.

[114] Backus, Davida K., Patrricj J. International Evidence on the Historical Properties of Business Cycles [J]. American Economic Review, 1992, 82 (4): 864 – 888.

[115] Baron Kenny. Consumption and Credit Constraints: International Evidence [J]. The Review of Economics and Statistics, 1986, 81 (3): 434 – 437.

[116] Baron R. M., Kenny D. A. The Moderator-mediator Variable Distinction in Social Psychological Research: Conceptual, Strategic and Statistical Considerations [J]. Journal of Personality and Social Psychology, 1986, 51 (6): 1173 – 1182.

[117] Becker G. S., Tomes N. An Equilibrium Theory of the Distribution of Income and Intergenerational Mobility [J]. Journal of Political Economy, 1979, 87 (6): 1153 – 1189.

[118] Boncompte J. G., Paredes R. D. Human Capital Endowments and Gender Differences in Subjective Well – Being in Chile [J]. Journal of Happiness Studies, 2019 (5).

[119] Bowles S., Gintis H. The Inheritance of Inequality [J]. Journal of Economic Perspectives, 2002, 16 (3): 3 – 30.

[120] Caliendo M., Kopeining S. Some Practical Guidance for the Implementation of Propensity Score Matching [J]. Journal of Economic Surveys, 2008, 22 (1): 31 – 72.

［121］ Calor Tsiddon. Technological Progress Mobility and Economic Growth ［J］. American Economic Reviews, 1997, 87 (3): 363 – 382.

［122］ Campbell J. Y. Household Finance ［J］. Journal of Finance, 2006, 61 (4): 1553 – 1604.

［123］ Cao Y. , V. Nee. Remaking Inequality: Institution Change and Income Stratification in Urban China ［J］. Journal of the Asia Pacific Economy, 2005, 1 (4): 63 – 485.

［124］ Checchi D. , Fiorio C. V. , Leornadi M. Intergenerational Persistence of Educational Attainment in Italy ［J］. Economic Letters, 2013, 118 (1): 229 – 232.

［125］ Christelis D. , Jappelli T. , Padula M. Cognitive Abilities and Portfolio Choice ［J］. European Economic Review, 2008, 54 (1): 18 – 38.

［126］ Claude D. , Ralph H. The Long-run Impact of Human Capital on Innovation and Economic Development in the Regions of Europe ［J］. Applied Economics, 2018: 1 – 22.

［127］ Cole S. , Paulson A. , Shastry G. K. . Smart Money? The Effect of Education on Financial Outcomes ［J］. Review of Financial Studies, 2014, 27 (7): 2022 – 2051.

［128］ Duesenberry J. S. Income, Saving and the Theory of Consumer Behavior ［M］. Cambridge: Harvard University Press. 1949, 46 (3): 322 – 389.

［129］ E. J. S. Plug, W. Vijerberg. Schooling, Family, Background and Adoption ［J］. Journal of Political Economy, 2003: 223 – 245.

［130］ E. J. S. Plug, W. Vijverberg. Does Family Income Matter for Schooling Outcomes? Using Adoptees as a Natural Experiment ［J］. The Economic Journal, 2005, 115 (11): 879 – 906.

［131］ Fernandes D. , Lynch J. G. Netemeyer R. G. Financial Literacy, Financial Education, and Downstream Financial Behaviors ［J］. Management

Science, 2014.

　　[132] Furtado D. Human Capital and Interethnic Marriage Decisions [J]. Economic Inquiry, 2012, 50 (1): 82 – 93.

　　[133] G. Kirchsteiger, A. Sebald. Investments into Education: Doing as the Parents Did [J]. European Economic Review, 2009, 54 (4): 727 – 731.

　　[134] Glomn Ravikumar. Public Versus Private Investment in Human Capital: Endogenous Growth and Income Inequality [J]. Journal of Political Economy, 1992, 100 (4): 818 – 834.

　　[135] Goldberger A. S. Economic and mechanical models of intergenerational transmission [J]. American Economic Review, 1989, 79 (3): 504 – 513.

　　[136] Guiso L. , Haliassos M. , Jappelli T. Household Stockholding in Europe: Where Do We Stand, and Where Do We Go? [J]. CEPR Discussion Papers, 2003, 18 (36): 123 – 170.

　　[137] Guiso L. , M. Paiella. Risk Aversion Wealth and Background Risk [J]. Journal of the European Economic Association, 2008, 6 (6): 1109 – 1150.

　　[138] Guryan et al. Ethnic and Parental Effects on Schooling Outcome Before and During the Transtion: Evidence from the Baltic Country [J]. Journal of Population Economic, 2013, 21 (3): 456 – 489.

　　[139] Guryan J. , Hurst E. , Kearney M. S. Parental Education and Parental Time with Children [J]. Journal of Economic Perspectives, 2008, 22 (3): 23 – 46.

　　[140] Gustafsson Bjorn, Li Shi. The Effect of Transition on the Distribution of Income in China [J]. Economics of Transiton, 2001, 9 (3): 593 – 617.

　　[141] Haan Plug. Estimation Intergenerational Schooling Mobility on Cen-

sored Samples [J]. Journal of Applied Economics, 2009, 26 (1): 1002 – 1123.

[142] Heckman J. J. , Raut L. K. Intergenerational Long-term Effects of Preschool-structural Estimates from a Discrete Dynamic Programming Model [J]. Journal of Econometrics, 2016, 191: 164 – 175.

[143] Hendel, Shapiro, Willen. Educational Opportunity and Income Inequality [J]. Journal of Public Economic, 2005, 89 (56): 841 – 870.

[144] Herrington C. M. Public Education Financing, Earnings Inequality, and Intergenerational Mobility [J]. Review of Economic Dynamics, 2015, 18 (4): 822 – 842.

[145] Hertz Thomas, Jayasundera Tamara, Piraino Patrizio, Selcuk Sibel, Smith Nicole, Verashchagina Alina. The Inheritance of Educational Inequality: International Comparisons and Fifty – Year Trends [J]. Advances in Economic Analysis & Policy, 2008 (7): 1775 – 1775.

[146] Huang J. Intergenerational Transmission of Educational Attainment: The Role of Household Assets [J]. Economics of Education Review, 2013, 33 (74): 112 – 123.

[147] Jorgensen V. A. Limited Asset Market Participation and the Elasticity of Temporal Substitution [J]. Journal of Political Economy, 2002, 32 (4): 825 – 853.

[148] Kahneman D. , Tversky A. Prospect Theory: An Analysis of Decision under Risk [J]. Econometrica, 1979, 47 (2): 263 – 291.

[149] Karen Leppel. The Method of Generalized Ordered Probit with Selelctivity: Application to Marital Happiness [J]. Journal of Family and Economic Issues, 2015 (36): 451 – 461.

[150] Kato M. , Okamuro H. , Honjo Y. Does Founders Human Capital Matter for Innovation? Evidence from Japanese Start-ups [J]. Journal of Small Business Management, 2015, 53 (1): 114 – 128.

[151] Knight Jone, Song Lina. Increasing Urban Wage Inequality in China: Extent, Elements Evaluation [J]. Economics of Transiton, 2003, 11 (4): 597 – 619.

[152] Kottaridi C. , Stengos T. Foreign Direct Investment, Human Capital and Non-linearities in Economic Growth [J]. Journal of Macroeconomics, 2010, 32 (3): 858 – 871.

[153] Kwenda P. , Ntuli M. , Gwatidzo T. Temporal Developments in Intergenerational Transmission of Education: Case for Black South Africans [J]. Research in Social Stratification & Mobility, 2015, 42: 96 – 113.

[154] Lang Willian W. , Leonard Nakamura. Flight to Quality in Banking and Economic Activity [J]. Journal of Monetary Economics, 1995, 36 (3): 145 – 164.

[155] Lillard L. A. , Willis R. J. Intergenerational Educational Mobility: Effects of Family and State in Malaysia [J]. Journal of Human Resources, 1994, 29 (4): 1126 – 1166.

[156] Li Z. , Liu L. , Wang M. Intergenerational Income Mobility and Public Education Spending: Evidence from China [J]. Children and Youth Services Review, 2014, 40: 89 – 97.

[157] Mackinnon D. P. , Lockwood C. M. , Hoffman J. M. , et al. A Comparison of Methods to Test Mediation and Other Intervening Variable Effects [J]. Psychological Methods, 2002, 7 (1): 83 – 104.

[158] Markowitz H. Porfolio Selection [J]. Theory & Practice of Investment Management Asset Allocation Valuation Portfolio Construction & Strategies Second Edition, 1952, 7 (1): 77 – 91.

[159] Martin M. A. Family Structure and the Intergenerational Transmission of Educational Advantage [J]. Social Science Research, 2012, 41 (1): 33 – 47.

[160] Meng X. Wealth Accumulation and Distrubtion in Urban China [J].

Economic Development and Culture Change, 2005: 761 – 791.

[161] Mincer J. Economic Development, Growth of Human Capital and the Dynamics of the Wage Structure [J]. Journal of Economic Growth, 1996, 1 (1): 29 – 48.

[162] Modigliani F. , R. Brumberg. Utility Analysis and the Consumption Function: An Interpretation of the Cross-section Data at Intergration [J]. Rutgers University Press, 1954, 46 (3): 388 – 436.

[163] Moshe A. M. P. D. Are You a Stock or a Bond?: Identify Your Own Human Capital for a Secure Financial Future, Updated and Revised [J]. Advanced Battery Technology, 2013 (7): 8 – 9.

[164] Peng Yusheng. Intergenerational Mobility of Class and Occupation in Modern England [J]. Research in Social Stratification and Mobility, 2001 (18): 277 – 312.

[165] Qin X. , et al. Intergenerational Transfer of Human Capital and its Impact on Income Mobility: Evidence from China [J]. China Economic Review, 2016, 38: 306 – 321.

[166] Riley, William B. J. , K. Victor Chow. Asset Allocation and Individual Risk Aversion [J]. Financial Analysts Journal, 1992, 48 (6): 32 – 37.

[167] Romer P. M. Increasing Returns and Long – Run Growth [J]. Journal of Political Economy, 1999, 94 (5): 1002 – 1037.

[168] Ruiz A. C. The Impact of Education on Intergenerational Occupational Mobility in Spain [J]. Journal of Vocational Behavior, 2016, 92: 94 – 104.

[169] Samuelson P. A. Lifetime Portfolio Selection by Dynamic Stochastic Programming [J]. The Review of Economics and Statistics, 1969, 51 (3): 239 – 246.

[170] Schuelke – Leech B. A. , Leech T. C. Innovation in the American Era of Industrial Preeminence: The Interaction of Policy, Finance and Human

Capital [J]. Journal of Policy History, 2018, 30 (4): 727 – 753.

[171] Schultz T. Investment in Human Captial [J]. American Economic Review, 1961, 51 (1): 1 – 17.

[172] Schultz T. P. Why Governments should Invest more to Educate Girls [J]. World Development, 2002, 30 (2): 207 – 225.

[173] Shrader R. , Siegel D. S. Assessing the Relationship between Human Capital and Firm Performance: Evidence from Technology – Based New Ventures [J]. Entrepreneurship Theory & Practice, 2010, 31 (6): 893 – 908.

[174] Sobel M. E. Asymptotic Confidence Intervals for Indirect Effects in Structural Equation Models [J]. Sociological Methodology, 1982, 13 (13): 290 – 312.

[175] Solon G. Intergenerational Income Mobility in the United Stated [J]. American Economic Review, 1992, 83 (3): 393 – 408.

[176] Spagat M. Human Capital and the Future of Transition Economies [J]. Journal of Comparative Economics, 2006, 34 (1): 44 – 56.

[177] Squicciarini M. , Voigtländer Nico. Human Capital and Industrialization: Evidence from the Age of Enlightenment [J]. Social Science Electronic Publishing, 2014, 130 (4): 25.

[178] Stephen G. Dimmock, Roy Kouwenberg, Olivia S. Mitchell, Kim Peijnenburg. Ambiguity Aversion and Household Portfolio Choice: Empirical Evidence [J]. J. Financ Econ, 2016, 17 (3): 559 – 577.

[179] Sunden, Annika E. , Brian J. Surette. Gender Differences in the Allocation of Assets in Retirement Savings Plans [J]. America Economic Review Papers and Proceeding, 1998, 25 (2): 207 – 211.

[180] Tansel A. Determinants of School Attainment of Boys and Girls in Turkey: Individual, Household and Community Factors [J]. Economics of Education Review, 2002, 21 (5): 455 – 477.

［181］ Tobin J. Liquidity Preference as Behavior Towards Risk ［J］. Review of Economic Studies, 1958 (25): 65 – 86.

［182］ Treiman D. J. The Impact of the Cultural Revolution on Trends in Educational Attainment in the People's Republic of China ［J］. The American Journal of Sociology, 1997, 103 (2): 391 – 428.

［183］ Von Neumann J. , Mogenstern O. Theory of Games and Economic Behavior ［J］. Princeton University Press Princeton N. J. , 1944, 26 (1 – 2): 131 – 141.

［184］ Williams M. L. , Mcdaniel M. A. A Metaanalysis of the Antecedents and Consequences ［J］. Journal of Applied Psychology, 2006, 91 (2): 392 – 413.

［185］ Yang D. T. and Cai. The political Economy of China's Rural-urban Divide. Paper Presented Conference on Policy Reform in China Center for Research on Economic Development and Policy Reform ［M］. Stanford University, 1999.

［186］ Yang J. , Qiu M. The Impact of Education on Income Inequality and Intergenerational Mobility ［J］. China Economic Review, 2016, 37: 110 – 125.

［187］ Zeldes, Stephen P. Consumption and Liquidity Constrants: An Empirical Investigation ［J］. Journal of Political Economy, 1989, 97 (2): 305 – 346.

［188］ Zeng Z. , Xie Y. The Effects of Grandparents on Children's Schooling: Evidence from Rural China ［J］. Demography, 2014, 51 (2): 599 – 617.

［189］ Zimmerman D. J. Regression Toward Mediocrity in Economic Stature ［J］. American Economic Review, 1992, 82 (3): 409 – 429.

附录

附第六章皖籍外出务工人员调查问卷：

A 基本情况调查

［A1］您的性别？

1. 男性　　　　2. 女性

［A2］您的出生年月？　　　＿＿＿＿＿年＿＿＿＿＿月

［A3］您目前的婚姻状况？

1. 未婚　　　　2. 已婚

［A4］您当前的户口是？

1. 农业户口　　2. 非农业户口　3. 其他（请注明：＿＿＿＿＿）

［A5］您的政治面貌是？

1. 共产党员　　2. 民主党派　　3. 共青团员　　4. 群众

［A6］您的民族为

1. 汉族　　　　2. 少数民族（请注明：＿＿＿＿＿）

［A7］您身体健康状况是？

1. 很不好　　　2. 不太好　　　3. 一般　　　　4. 比较好

5. 很好

［A8］您的文化程度是？

1. 不识字　　　2. 小学　　　　3. 初中　　　　4. 高中

5. 中专　　　　6. 大专　　　　7. 本科或者以上

［A9］您是否有专业技能？

0. 否　　　　　　1. 是

[A10]您当前的工作地是在？

1. 本县　　　　2. 本市　　　　3. 本省　　　　4. 外省

[A11]您当前的工作地属于？

1. 直辖市　　　2. 省会城市　　　3. 地级市　　　4. 县级市

5. 乡镇　　　　6. 其他

[A12]您的工作行业属于？

1. 建筑业　　　2. 交通运输业　　3. 批发零售业　　4. 住宿餐饮业

5. 居民服务业（如家政、美容、汽车维修）

6. 打零工或做小生意　　　　7. 制造业

8. 其他（注明：_____）

[A13]您工作单位属于什么性质？

1. 国有企业　　　2. 集体企业　　　3. 私营企业

4. 港、澳、台商投资企业　　　5. 外商投资企业

6. 其他（注明：_____）

[A14]您目前的职业类型？

1. 普工　　　　2. 技术工　　　3. 管理员　　　4. 销售业务员

5. 财务会计　　6. 统计员　　　7. 仓管理货员　8. 保安

9. 清洁工　　　10. 其他（注明：_____）

[A15]您从事这份工作多长时间？

1. 不到1年　　2. 不到2年　　3. 不到3年　　4. 3年以上

[A16]除了当前的主要工作，您还兼职几份工作？

1. 没有兼职　　2. 1份　　　　3. 2份　　　　4. 3份或以上

[A17]您是否打算自己创业？

1. 从没想过　　　　　　2. 有想法但没付诸行动

3. 在做准备　　　　　　4. 已经在做

[A18]您参加过选举活动？

1. 从不参加　　2. 偶尔参加　　3. 经常参加

〔A19〕平均起来，您月收入大概有_____元

B 父亲情况调查

〔B1〕您父亲的年龄是_____岁

〔B2〕您父亲身体健康如何？

1. 很不好　　　　2. 不太好　　　　3. 一般　　　　4. 比较好

5. 很好

〔B3〕您父亲的文化程度是？

1. 不识字　　　　2. 小学　　　　3. 初中　　　　4. 高中

5. 中专　　　　6. 大专　　　　7. 本科或者以上

〔B4〕您父亲的政治面貌是？

1. 共产党员　　　2. 民主党派　　　3. 共青团员　　　4. 群众

〔B5〕请问您童年时期（14 岁之前），您父亲的主要工作是？

1. 在家务农　　　　　　　　　2. 在乡镇/集体单位工作

3. 乡村教师　　　　　　　　　4. 外出务工

5. 从事个体经营（做小生意）　6. 其他（注明：_____）

〔B6〕您父亲是退伍军人吗？

0. 否　　　　　　　1. 是

〔B7〕您父亲当过村（生产队）干部吗？

0. 否　　　　　　　1. 是

〔B8〕您父亲的兄弟姐妹中有几位在政府、国有企事业单位里工作？

1. 没有　　　　2. 有 1 位　　　3. 有 2 位　　　4. 3 位或以上

C 母亲情况调查

〔C1〕您母亲的年龄是_____岁

〔C2〕您母亲身体健康如何？

1. 很不好　　　　2. 不太好　　　　3. 一般　　　　4. 比较好

5. 很好

〔C3〕您母亲的文化程度是？

1. 不识字　　　　2. 小学　　　　3. 初中　　　　4. 高中

5. 中专　　　　6. 大专　　　　7. 本科或者以上

[C4] 您母亲的政治面貌是?

1. 共产党员　　2. 民主党派　　3. 共青团员　　4. 群众

[C5] 请问您童年时期（14 岁之前），您母亲的主要工作是?

1. 在家务农　　　　　　　2. 在乡镇/集体单位工作

3. 乡村教师　　　　　　　4. 外出务工

5. 从事个体经营（做小生意）　6. 其他（注明：_____）

[C6] 您母亲的兄弟姐妹中有几位在政府、国有企事业单位里工作?

1. 没有　　　　2. 有 1 位　　　3. 有 2 位　　　4. 3 位或以上

D　其他情况调查

[D1] 您童年跟父母常住在一起吗?

1. 不住在一起　　　　　　2. 偶尔住一段时间

3. 住在一起

[D2] 您童年跟谁在一起生活的时间最长?

1. 父亲　　　　　　　　　2. 母亲

3. 祖父母　　　　　　　　4. 其他（注明：_____）

[D3] 您父亲和母亲之间的感情如何?

1. 很不好　　2. 不太好　　3. 一般　　　4. 较好

5. 非常好　　6. 不清楚

[D4] 您小时候，父母关心您的学习吗?

1. 不关心　　　2. 一般　　　3. 非常关心

[D5] 您家遇到困难时，亲戚们会主动帮忙吗?

1. 不会　　　　2. 会帮一点　　3. 积极帮忙　　4. 不知道

[D6] 与村里其他人家相比，您家盖砖瓦房的时间如何?

1. 时间较早　　2. 时间差不多　3. 时间较迟　　4. 不知道

[D7] 您现在有_____个小孩?

[D8] 您小时候的梦想实现了吗?

1. 没有实现　　　　　　　2. 快实现了

3. 已经实现了　　　　　　　　4. 不记得小时候的梦想

[D9] 您对现在的生活满意吗？

1. 非常不满意　　2. 不太满意　　　3. 一般　　　　　4. 较为满意

5. 非常满意

[D10] 您想回家过年吗？

1. 不太想　　　　2. 一般吧　　　　3. 非常想

[D11] 您外出务工，除了收入之外，您认为还有什么比较重要？

1. 见世面　　　　2. 工作机会　　　3. 城市生活　　　4. 锻炼能力

5. 其他（注明：＿＿＿＿＿＿＿）

[D12] 您认为您的社会地位目前处于哪个等级？＿＿＿＿＿＿＿＿（请填写1~5的数字，数字越大代表您的社会地位越高，"5"代表社会最顶层，"1"代表社会最底层）

[D13] 您认为在您童年时期，您家的社会地位处于哪个等级？＿＿＿＿＿＿＿（请填写1~5的数字，数字越大代表您的社会地位越高，"5"代表社会最顶层，"1"代表社会最底层）

[D14] 当前您家庭（如果没有分家的话，父母须包括在内）的人口数为＿＿＿＿＿＿＿，其中劳动力人口数为＿＿＿＿＿＿＿。

后　　记

　　"寒门再难出贵子"在网络走红，反映了人们对于社会阶层固化的担忧。而要打破阶层固化，实现农村子弟向上流动，与城市孩子一样拥有"远大前程"（great expectations）的关键在于实现城乡人力资本投资的公平化，这也是缩小中国城乡收入差距、实现共同富裕的关键。本人正是基于这一目的，研究了人力资本及其代际传递对于城乡收入差距的影响。因此，本书具有重要的理论价值和现实政策含义。

　　本人的主要研究领域之一为人力资本与收入分配，本书的出版可以说是在该领域的一个研究总结。从 2014 年开始至今，本人共指导硕士研究生 16 名，其中：学术型研究生 9 名、专业学位研究生 7 名。与专硕主要从事实践类课题研究相比，学术型研究生主要还是集中于人力资本、人工智能（数字技术）与收入分配等领域开展学术研究。多位学生为本书的撰写提供了一些素材和研究积累，尤其是赵丹丹、魏巍、李清瑶等直接参与了相关研究工作，作出了较大贡献，在此表示感谢。

　　当然，本书的问世也要感谢家人的默默支持。夫人梅承担了大量的家务劳动，儿子博独自学习和玩耍，很少打扰我，使我能够集中精力在虎年春节完成了本书的初稿。同时，也要感谢经济科学出版社编辑以及其他工作人员的辛勤付出。

周世军

2022 年 2 月 15 日于剑桥公馆